ポリティカルコレク

構造改革

ベンチ

韓流

裁判員制度

気まぐれサラダ

NPO

免疫力　モルツあります

差別　グローバ

インカム

民主化

事業仕分け　コスパ

再結成　民意を問う

期間限定　世界市民

希望

シェフの

改革　人権

世界市民

平等主義

ノベーション

ベーシック・

食べ放題

カリスマ　温暖化

日本をダメにしたB層の研究

もくじ

第二章 今の世の中はなぜくだらないのか？

第三章
今の政治家はなぜダメなのか？

第四章 素人は口を出すな！

B層
用語辞典

あ

【アーティスト】
ジャリタレのこと。

【アジェンダ】
「マニフェスト」の言いかえ。

【天下り】
B層が官僚を批判するポイントのひとつ。

い

【維新】
フットワークはいいけど頭の悪い人がやること。

【一般意志】
全体主義の教義。

【イノベーション】
「新機軸」「新しい切り口」の古い言い方。

【癒し】
簡単に癒されるのがB層。

え

【NPO】
広義では非営利団体のこと。狭義では左翼の隠れみの。

お

【男の隠れ家】
宣伝過剰の「男の隠れ家」がB層は好き。

【温暖化】
3・11の原発事故後はあまり語られなくなった。

か

【改革】
従来の制度などを改めること。B層が好む言葉のひとつ。

【解散】

行き詰まったら総理が使うもの。なお、解散の理由として「音楽性の違い」を挙げるジャリタレの「音楽性」は永遠の謎。

【格差社会】

普通の社会のこと。格差がない社会は不健全。

【カリスマ】

キリスト教の概念。超自然的・超人間的な資質。近年の日本では、髪を切ったり、コンビニ弁当をプロデュースしたりする。

【官から民へ】

「玄人から素人へ」という流れのこと。

き

【期間限定】
B層をそそのかす販売戦略のひとつ。

【絆】
選挙の絆のこと。

【希望】
「現在」をあきらめること。

【吟醸酒】
B層鮨屋がそろえるもの。

く

【クーポン】

B層をおびき寄せる撒《ま》き餌《え》。実際はあまり得ではない。

【口汚し】

食べ物に汚い言葉を使うな！

【グローバリズム】

世界同時革命を唱えたトロツキーの妄想。

け

【激辛】

バカは辛いものが好き。

こ

【構造改革】

外資を招くこと。

【コストパフォーマンス】

費用対効果。B層の行動原理のひとつ。

さ

【再結成】

かつて売れたバンドが解散後「食い詰めた」状況。

【裁判員制度】

人民裁判のこと。

【差別】
文化・文明の原理。

し

【シェフのきまぐれサラダ】
プロは「気まぐれ」に料理をつくるな。

【事業仕分け】
B層向けのSMショー。

【首相公選制】
B層が首相を決める制度。

【省エネ】
B層は省エネやエコに参加するのが好き。

【常連】
常連ぶる人間はたいてい本当の常連ではない。

【女子会】
ババアの集まり。

【人権】
歴史的にみて、人権思想が人権の抑圧に加担してきた。

【真理】
一つしかないと思い込むのがB層。実際にはたくさんある。

す

【数量限定】

たいていは売れ残る。

【すっぴん】

B級アイドルがブログに貼るもの。「素」を見せるのは素人。

せ

【世界市民】

世界を市にたとえる妄想。

た

【食べ放題】

「もとを取りたい」というB層のコスパ感覚を満たすもの。

ち

【地方分権】

痴呆に権力を与えること。たとえば、神奈川県の黒岩知事。

と

【ときめき】

Jポップの歌詞に頻出する、正常な大人にとっては使うことをためらわれる言葉のひとつ。

な

【生ビール】

B層が好むが、缶ビールと中身は同じ。

に

【二〇種類の野菜】

コンビニやファミレスで見かけるメニュー。数で勝負。

は

【抜本的改革】

「一からリセット」すること。ファミコン世代の疾病《しっぺい》。

【韓流】
擁護するのも、反発するのもB層。

ひ

【ビジュアル系】
化粧をしたり、整形をしたりすること。

【秘伝】
公にできない理由があるもの。
しかしスーパーマーケットで売っていたりする。

【平等主義】
キリスト教カルトの教義。

ふ

【舞台裏】

プロが見せてはいけないもの。

【不退転】

「行き詰まった」ということ。

【ぶっ壊す】

かつて「自民党をぶっ壊す」と言った、ぶっ壊れた人がいた。

【プロジェクト】

民主党の中にたくさんあるらしい。
原口一博の証言なので真偽は不明。

【平和主義宣言都市】
言うのは無料。

【ベーシック・インカム】
社会主義風新自由主義政策。

【ベンチャー】
小企業のこと。

ほ

【ポリティカルコレクトネス】
政治的には正しいが、現実社会では正しくないこと。

ま

【マニフェスト】
詐欺によく使われる言葉。

み

【民意を問う】
政治を放棄すること。

【民主化】
国家を解体すること。

【民主主義】
キリスト教的カルトの一種。

め

【免疫力】

免疫力を高める食品が好きだけど、近代イデオロギーに対する免疫がないのがB層。

も

【モルツあります】

「モルツないです」っていう看板なら入るけどね。

ゆ

【友愛】

排外主義的な言葉。反排外主義的な言葉として使っている鳩山由紀夫はやはりアレ。

よ

【夭折】
早死にすること。「夭折が美しい」というのは不健全。

り

【リセット】
ファミコン世代の三流政治家が使う言葉。

【リッチ】
貧乏くさい言葉のひとつ。

はじめに

座り込む人たち

もうダメです。

手遅れです。

わが国は完全に危険水域を突破し、崩壊への道を突き進んでいます。

あらゆる兆候がそれを示しています。

先日、こんなニュースが流れました。

松井一郎大阪府知事は九日、関西電力大飯原発三、四号機（福井県おおい町）が再稼働しない場合に懸念される電気料金の値上げについて言及し、値上げが実施されれば「反対（の意思表示）で橋下徹大阪市長と二人で関電前で座り込みをするしかない」と述べ、関電側を牽制《けんせい》した。（『産経新聞』二〇一二年五月一〇日）

結局、原発は再稼動しましたが、それにしても深い精神の病《やまい》を感じます。

要するに、自分が誰なのかわからなくなっているのです。

権力を発動する側の人間が、座り込みを始めるというのですから。

二〇一〇年一月、首相の鳩山由紀夫《はとやまゆきお》は、政治資金規正法違反事件で検察の追及を受けていた小沢一郎《おざわいちろう》に対し、「どうぞ戦ってください」と述べている。

国家のトップが国家権力との闘争を唆《そそのか》したわけです。

二〇一二年七月、鳩山は首相官邸前で行われた原発再稼働の抗議デモに参加。もう、なにがなんだかわからない。

二〇一〇年八月、首相の菅直人《かんなおと》は「改めて法律を調べてみたら（総理大臣は）自衛隊に対する最高の指揮監督権を有すると規定されている」と述べています。

つまり、自分が自衛隊の指揮権を持っていることを知らなかった。

軍隊のトップが、その自覚がなかったわけです。

これは尋常なことではありません。

アメリカやロシアの大統領が自分が軍隊の指揮権を持っていることを知らなかった

ら、世界は一瞬でひっくり返ります。

つまり、現実はすでにフィクションを超えている。

あらゆる寓話、不条理小説の域を超えている。

政治家としての資質がどうこうというレベルの話ではありません。

狂気、アナーキズムの世界です。

殺人容疑などで二〇一二年六月に逮捕されたオウム真理教（現アレフ）の高橋克也《たかはしかつや》は、一七年におよぶ逃亡生活において「自分のことがわからなくなってしまった」と述べました。

程度の差こそあれ、「自分のことがわからなくなってしまった人々」が、今では国家の中枢に座り込むようになってしまった。

閣僚もガラクタが勢ぞろいです。

元グラドル、元暴走族、元活動家、元詐欺師……。

電車の床に座り込む高校生とそれほど変わらない人々です。

どう考えても変でしょう。

一番悪いのは、こうしたバカを政界に押し込んだ国民です。

やはり、ためらわずに言うべきだと思います。

わが国はバカに支配されています。

エイブラハム・リンカーン（一八〇九～一八六五年）の演説に倣《なら》えば、「バカのバカによるバカのための政治」が行われているのが現在です。それで「バカの生活が第一」ということになってしまった。

昔も今も人口に占めるバカの割合はそれほど変わらないと思います。ただ、バカが圧倒的な権力を持つようになったのが現在の状況です。

自我が肥大した幼児のような大人が、社会の第一線で大きな口を叩くようになってしまった。

今はネット環境が整っていますので、誰でも声をあげることができるようになっている。要するに、バカが情報を発信するインフラが整ったのです。

こうして素人が玄人の仕事に口を出す時代がやってきました。

分をわきまえる、身の程を知る、恥を知る、一歩下がる……。わが国から、こうした美徳が失われて久しい。その一方で、マスメディアから自己啓発書まで社会全体一丸となって、「あなたは主人公だ」「もっと自信を持て」「もっと大きな声をあげよ」「社会に参加せよ」と素人を煽《あお》り立て、その気にさせている。

今は誰もが参加したがる時代です。そして参加してはならない場所に参加してしまう。

こうした今の時代を象徴するような人々。

それが**B層**です。

本書ではこの**B層の危険性**について述べていきます。

適菜　収

激

日本をダメにした

B層の研究

適菜収

アジェンダ　女子会　癒し

改革　ときめき

男の隠れ家

事業仕分け

コスパ　クーポン　民

ぶっ壊す

官から民へ　希望

野菜

リッチ　民主主義

っぴん　天下り

平和主義宣言都市

クトネス
格差社会
生ビール
差別
リセット
省エネ
員制度
口汚し
首相公選制
真理
数量限定
舞台裏
20種類の
解散
マニフェスト
秘伝
不退転

第一章 B層とはなにか?

ポリティカルコレ
免疫力
ベンチャー
構造改革
韓流
期間限定
裁判
フの気まぐれサラダ
常連
NPO
モルツあります

知らないことは言わないほうがいい

今の世の中では、あらゆる価値が混乱しています。

一流のものと三流のもの、玄人と素人、プロとアマチュア、本音と建て前、専門家の意見と床屋政談、すべての境界があやふやになってしまっている。

非常に見通しの悪い社会です。

なぜこんなことになってしまったかについて、この章では説明します。

先日私はある人から二つの質問を受けました。

「原子力発電所の再稼動に賛成か？　反対か？」

「ＴＰＰ（環太平洋戦略的経済連携協定）参加に賛成か？　反対か？」

私が「どっちでもないとどっちでもいいの中間です」と答えたら、彼は極めて不満げでしたが、そもそも「賛成か？　反対か？」という質問が変なのです。

原発もＴＰＰもプラスの側面とマイナスの側面を持つ。

また、議論の大半は専門的知識が要求される領域です。

私のような原発問題やTPP問題の素人に質問しても意味はありません。

ところが、今の社会では意見を持たないことは不謹慎なこととされる。

「誰もが関心を持っている国家の一大事に、コメントのひとつも出せないのか」「そこらへんの主婦でも一家言持っている」というわけです。

たしかに、テレビのニュースショーの街頭インタビューでは、新橋SL広場前の酔っ払いや巣鴨地蔵通り商店街にたむろする老人が原発やTPPについて熱く語っています。メロリンQや二股をかけられた女性モデルが原子力問題を語り、不倫を繰り返す芸能人や赤髪の出っ歯のタレントがTPPを語る時代です。

これは私の先輩の島田誠さんから聞いた話ですが、オーティス・ラッシュ（ブルース・ギタリスト）のライブに行ったとき、最初に前座の黒人が出てきてブルースの演奏を始めたらしい。

そしたら、隣にいた客が「ラッシュー！」と声援を送ったとのこと。要するに、前座をラッシュと間違えたわけです。そして、前座の演奏が終わり、いよいよラッシュが登場したと。

他人事《ひとごと》ながら冷や汗が出る話です。

その客は、「ラッシュが演奏しているのに、みんな盛り上がっていないな」「後から出てきたおじさんは一体誰なんだろう?」と思ったのでしょう。

そして真実に気づいて目の前が暗くなった。

これも知人の女性から聞いた話ですが、大学時代に高校の同級生の男から電話がかかってきたとのこと。彼は、開口一番「最近、オレ、ワインに凝っているんだよ。いいワインバーがあるから一緒に行かない?」と。

渋谷で待ち合わせをして、店に行ったらメルシャンが経営しているワインバーだった。

まあ、それはいいとして、カウンターで彼がワインの蘊蓄《うんちく》をいろいろ語るわけです。その女性もなにか質問してあげようと思って「どうしてワインのビンの底はくぼんでいるの?」と訊ねた。年代モノの赤ワインは、タンニンや色素の成分が澱《おり》になって沈殿します。それを溜めておくためのデザインですね。

するとその彼は、「くぼみの部分に親指を入れてワインを注ぐんだよ」だって。

カウンターの目の前にはソムリエが立っていましたが、さすがに誰もなにも言えない状況です。将棋で言えば、王手、飛車、角取りみたいな大事故です。

聞いているだけで居たたまれないんだから、その場にいたら失神します。

これも知人から聞いた話です。羽田空港内の鮨屋で食事をしていたら、日本テレビの有名なアナウンサー（当時六五歳）が店に入ってきた。そして、席につくなり「大将、新《しん》子《こ》を握って！」と。真冬なのに。新子（小鰭《こはだ》の稚魚）の出始めは六月の後半です。

知っていることでさえ公の場で発言するのは怖いことなのに、知らない奴に限って声がでかい。知らないことは、言わないほうがいいのです。

偽史はこうしてつくられる

セロニアス・モンク（一九一七～一九八二年）を熱く語る人は面倒な人が多い。

昔、雨が降っている日の夜中に新宿のバーに行ったら、ジジイが一人でバーボンを飲んでいた。店のラジカセでモンクの「ラウンド・ミッドナイト」がかかっていたのですが、しばらくすると、こちらが気になったらしくて、「こんな小雨の降る夜には、モンクのピアノが合いますね」と。

話に花が咲いても仕方がないので適当に相槌《あいづち》を打ちましたが、小雨の降る夜にはむしろモンクは聴きたくない。

モンクはマイルス・デイヴィス（一九二六〜一九九一年）と仲が悪かったという有名な話があります。『マイルス・デイヴィス・アンド・ザ・モダン・ジャズ・ジャイアンツ』に収録されている「ザ・マン・アイ・ラヴ」ではセッション中にケンカになったと。

つい先日も元東大教授が『産経新聞』に次のように書いていました。

そのころ、ジャズ界の大先輩であったセロニアス・モンクにマイルスは「俺のソロのバックでは、ピアノを弾くな」と命じたというから、相当な自信だったのだろう。もっともモンクはあとで「マイルスがなぐってきたら、殺してやるつもりだった」と語ったそうだ。だが、この緊迫した空気が類いまれな名演を生み出すのだから皮肉である。（二〇一二年六月七日）

でも、これはケンカでもなんでもありません。セッションの前にマイルスがモンクにピアノを弾かないように頼んで、了承されただけの話です。これまで大勢のジャズ評論家が、この「ケンカセッション」について、見てもいないのに見てきたようなことを書いてきた。しかし、当のマイルスが自伝で否定しているのです。

でも二一世紀の新聞に出てしまう。

「従軍」慰安婦みたいなもので、偽史はこうしてつくられます。

ジャズの話くらいなら害はありませんが、政治や歴史、経済について知らないことを公の場で語る人々が増えています。これはモラルの低下というより、社会構造の変化によるものです。先ほども述べたとおり、素人が発言するためのインフラが整ってしまった。

モーニング娘。と価値の混乱

サマーソニックという夏のロック・フェスティバルがあります。

二〇〇〇年より千葉（初年度は山梨）と大阪で開催されている。

二〇一〇年にはスティーヴィー・ワンダーが参加しました。

ご存じのように、スティーヴィーは人類の共有財産といっていい偉大なミュージシャンです。

驚いたのは、同じ日に元モーニング娘。の加護亜依《かごあい》が出演していたこと。ご存じのように、一昔前のC級アイドルです。

それで彼女が「ジャズ」をやったというのですが、YouTubeで流れている「フライ・ミー・トゥー・ザ・ムーン」の映像を見たら、音程からリズムまで完全にズレている。

とりあえず私は知人と一緒に検証をはじめました。

私は「スティーヴィーに対してあまりにも失礼だ」と主張しましたが、知人は「スティーヴィーは博愛主義者だからすべてを許すはずだ」と言う。

しかし、なんでも許してしまうのは問題です。

この事例は現在の価値の混乱を象徴しているように思われます。

口コミサイトの問題を例に考えてみましょう。

先日、国内最大規模のグルメサイト「食べログ」で、ランキングの不正操作があったことが明らかになりました。複数の業者が特定の飲食店に対し好意的な口コミを投稿して報酬を得ていた。消費者に宣伝と気づかれないようなこうした宣伝行為が「ステルスマーケティング」です。

これに対し「消費者の信頼を裏切る、あるまじき行為だ」などと批判の声が上がりましたが、ナイーブにすぎるのではないか。

わざわざ業者に依頼しなくても、店の関係者が自作自演でランキングを吊り上げているケースもあります。その結果、地元住民が首を傾げるような店に、ある日突然行列ができたりする。インターネットの構造上、こうした問題は常に起こりうるはずです。

しかし、もっと大きな前提があります。

それは、口コミサイトの評価は「料理について細かい論評を述べたい人たち」「携帯電話で料理の写真を撮ることをためらわない人たち」が下した判断にすぎないということです。だから「集合知」という発想で口コミサイトを擁護するのは不可能だと思う。

ホセ・オルテガ・イ・ガセット
（1883～1955年）哲学者

スペインの哲学者オルテガ・イ・ガセット（一八八三～一九五五年）は、大衆を「凡庸であることを自覚しつつ、凡庸たることの権利を主張し、圧倒的な自信の下、浅薄な価値観を社会に押し付けようとする存在」と規定しました。

彼らは「コスパ」（コストパフォーマンスの略）という言葉が大好きです。バカの一つ覚えみたいに「コスパがいい」「コスパが悪い」と繰り返す。

彼らは価値をカネで数値化できると深く信じています。

そして、圧倒的な自信の下、一流の店を貶《おとし》め、三流の店を持ち上げます。

その結果、きちんとプロの仕事をする鮨屋が低い点数をつけられ、ロクでもない鮨屋（その実態は単なる海鮮居酒屋）が高得点をとるようになってきました。新鮮で分厚い刺身をパクパクと喰わせ、各地の吟醸酒をゴクゴクと飲ませ、酒のつまみを工夫すればそれでよい、ということになってしまった。

しかし、コスパと価値は関係ありません。

一〇〇円のコーラを一〇円で買うことができたら「コスパがいい」ということになります。

一〇〇円のコーラを二〇〇円で買ったら「コスパは悪い」ということになる。

つまり、コーラの価値についてはなにも語っていないわけです。

そんなにコスパが大事なら、熱効率のいいものだけを食べていればいい。コスパが一番いいのは、ブロイラーの配合飼料でしょう。

小林秀雄と《コスパバカ》

「技術や店の雰囲気など、すべてを勘案《かんあん》した上で、コストパフォーマンスと言っているのだ」という反論があるかもしれません。

でも、そもそもコスパという発想自体がくだらない。

エドバルト・ムンク（一八六三～一九四四年）の『叫び』もパブロ・ピカソ（一八八一～一九七三年）の『ヌード、観葉植物と胸像』も一〇〇億円近くで落札されている。

では、これはコスパがいいのか、悪いのか？

小林秀雄（一九〇二～一九八三年）が『真贋《しんがん》』という随筆を書いています。そこに登場する骨董屋「瀬津」の主人の話。

小林秀雄
（1902～1983年）作家・評論家

主人が若い頃、素晴らしい茶碗を見つけた。どうしてもほしかったので、六〇〇〇円までは出そうと決めた。当時としては大金です。

この茶碗をなんとか三〇〇〇円で落とすことができた。狂喜していると、先輩の商売人がやってきて言う。

「アホ。あれは、かつて三〇〇円を出たことがない」

実際、ある金持ちのところに茶碗を納めたものの、数日後に返されてしまった。

主人はくやしくて眠れない。

やがて夜は明けて、茫然とスズメの鳴き声を聞いていると、ある考えが浮かんだ。

「茶碗はいいのだ。俺という人間に信用がないだけだ」と。

ここで小林の筆が冴える。

彼に信用がつくに従い、彼の茶碗が美しくなった事は言う迄《まで》もない。では美は信用であるか。そうである。純粋美とは譬喩《ひゆ》である。鑑賞も一種の創作だから、一流の商売人には癖の強い人が多いのである。

だから価値も信用です。

美術館に展示されている絵画は、審美眼を持つ人間が「美しい」と決め付けたものです。素人の好みとはなんの関係もない。

料理の本質も同じです。

一流の料理の代金には、技術を背負う店の名前と信用が含まれている。

ところが「コスパ」の一言で斬り捨てる乱暴な人間が、我が物顔でレビューを垂れ流すようになった。コスパという一面的な基準において、一流の料理と三流の料理が同列に並べられて裁断される。口コミサイトに投稿するような素人ばかりでなく、今では料理評論家まで平気でコスパという言葉を使っています。

こうした価値の混乱が、現在、文化全般にわたり発生しています。

先日、二〇代の若者と一緒に、きちんとした鮨屋に行きました。

彼曰く、「この店の鮨は本当においしいですね。デパ地下の鮨よりおいしいです」だって。

われわれの社会は、すでに危険水域を突破しています。

B層とはなにか？

B層とは、大衆社会の成れの果てに出現した、今の時代を象徴するような愚民です。

私はこれまで二冊の本を書いて、B層の危険性を指摘してきました。

『ゲーテの警告　日本を滅ぼす「B層」の正体』

『ニーチェの警鐘　日本を蝕む「B層」の害毒』

共に「講談社＋α新書」です。

ヨハン・ヴォルフガング・フォン・ゲーテ（一七四九～一八三二年）やフリードリヒ・ヴィルヘルム・ニーチェ（一八四四～一九〇〇年）といった過去の賢者の知見を振り返り、今の時代の病を浮き彫りにすることを試みました。

すでにお読みになって理解されている方は、この節は飛ばしていただいて結構ですが、あらためてここでB層について説明をさせていただきます。

最初にB層の定義を確認します。

B層とは「**マスコミ報道に流されやすい『比較的』IQ**（知能指数）**が低い人たち**」です。

これは私の造語ではありません。

二〇〇五年九月のいわゆる郵政選挙の際、自民党が広告会社スリードに作成させた企画書「郵政民営化・合意形成コミュニケーション戦略（案）」による概念です。

この企画書は、国民をA層、B層、C層、D層に分類して、「構造改革に肯定的でかつIQが低い層」「具体的なことはよくわからないが小《こ》泉《いずみ》純《じゅん》一郎《いちろう》のキャラクターを支持する層」をB層と規定しています（49ページの図参照）。

郵政選挙では、このB層に向けて「改革なくして成長なし」「聖域なき構造改革」といった小泉のワンフレーズ・ポリティックスが集中的にぶつけられました。

「郵政民営化に賛成か反対か」

「改革派か抵抗勢力か」

このように問題を極度に単純化することにより、普段モノを考えていない人々の票を集めたわけです。小泉自民党はマーケティングの手法を駆使することで圧勝しました。

フリードリヒ・ヴィルヘルム・ニーチェ
（1844〜1900年）哲学者

小泉純一郎
（1942年〜）内閣総理大臣（第87・88・89代）

大衆は気分で動きます。

そこで短いセンテンスを繰り返すことにより、気分を醸成していく。これはナチス（国家社会主義ドイツ労働者党）のヨーゼフ・ゲッベルス（一八九七〜一九四五年）が体系化した手法であり、土井《どい》たか子の「ダメなものはダメ」みたいなものです。

「おいしいものは旨い」と同じで、論理では批判できない構造になっています。

B層は単なる無知ではない

この企画書は「国民を愚弄《ぐろう》している」と批判されましたが、私は今の時代を分析する上で重要な意味を含んでいると思います。

縦軸（IQ）は説明するまでもありませんが、横軸（構造改革に対する姿勢）は「日本固有

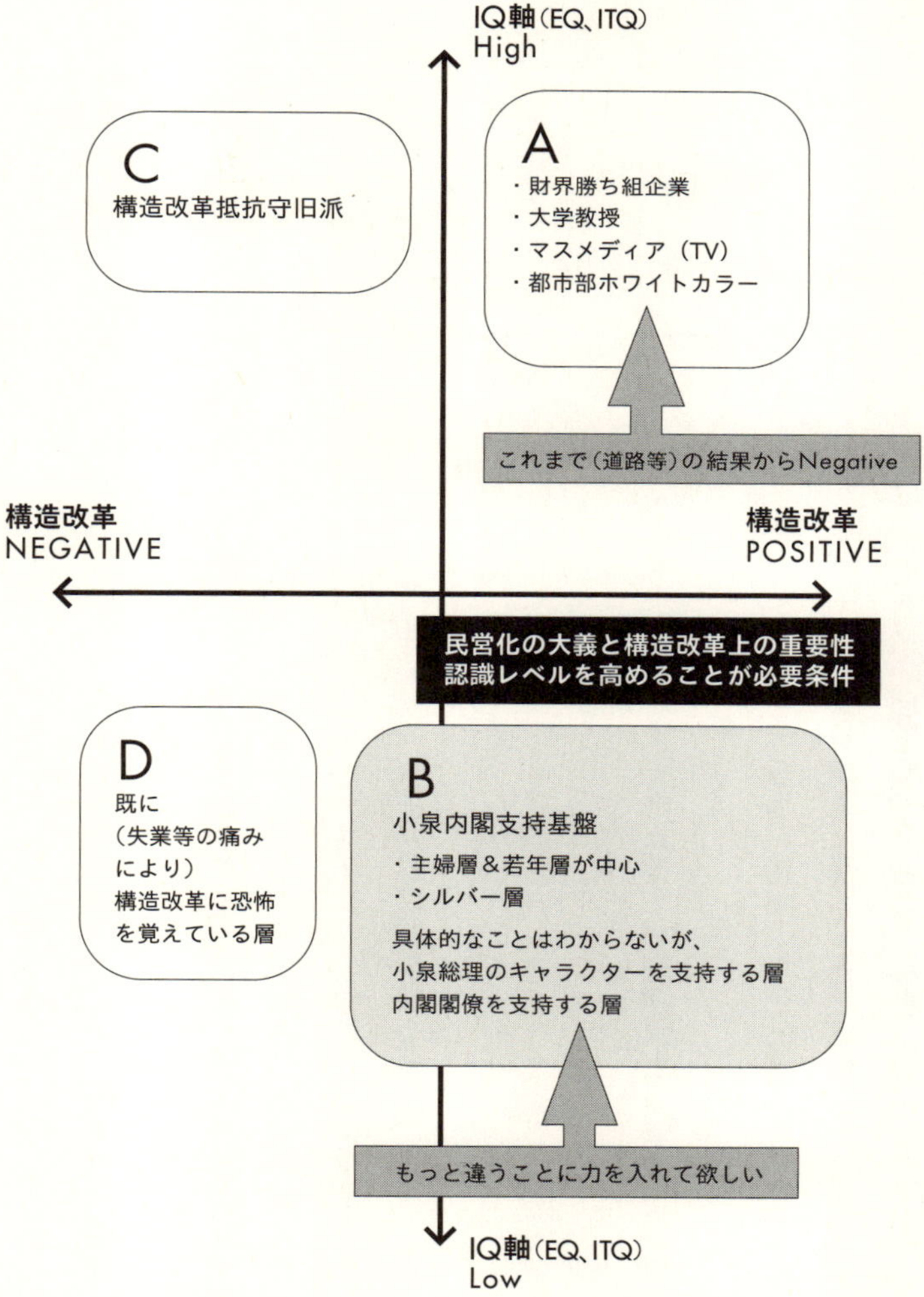
IQ軸（EQ、ITQ）
High
C
構造改革抵抗守旧派
A
・財界勝ち組企業
・大学教授
・マスメディア（TV）
・都市部ホワイトカラー
これまで（道路等）の結果からNegative
構造改革
NEGATIVE
構造改革
POSITIVE
民営化の大義と構造改革上の重要性
認識レベルを高めることが必要条件
D
既に
（失業等の痛み
により）
構造改革に恐怖
を覚えている層
B
小泉内閣支持基盤
・主婦層＆若年層が中心
・シルバー層
具体的なことはわからないが、
小泉総理のキャラクターを支持する層
内閣閣僚を支持する層
もっと違うことに力を入れて欲しい
IQ軸（EQ、ITQ）
Low

「郵政民営化・合意形成コミュニケーション戦略（案）」より

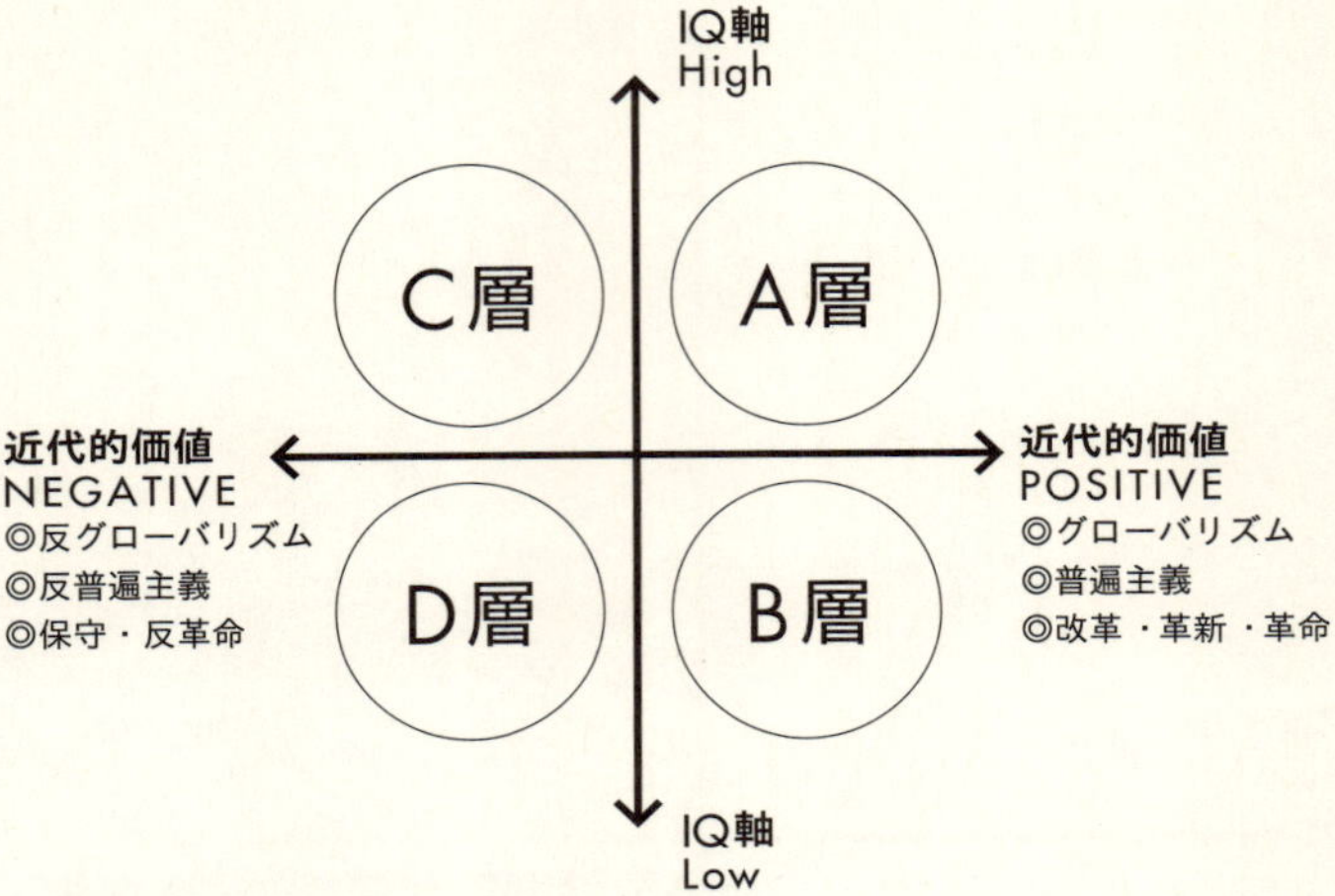

のシステムを国際基準に合わせることに対する是非」「グローバリズムに対する姿勢」と捉えることもできます。

さらに深部を読み取れば「近代的諸価値を肯定するのか、警戒するのか」と読み替えることもできる（上の図参照）。そうすると、B層は**《近代的諸価値を妄信するバカ》**ということになります。

平等主義や民主主義、普遍的人権などを信じ込んでいる人たちですね。

重要な点は、B層が単なる無知ではないことです。

彼らは、新聞を丹念に読み、テレビニュースを熱心に見る。そして自分たちが合理的で理性的であることに深く満足している。

その一方で、歴史によって培《つちか》われてきた《**良識**》《**日常生活のしきたり**》《**中間の知**》《**教養**》を軽視するので、近代イデオロギーに容易に接合されてしまう。

なにを変えるのかは別として、《**改革**》《**変革**》《**革新**》《**革命**》《**維新**》といったキーワードに根無し草のように流されていく。彼らは、権威を嫌う一方で権威に弱い。テレビや新聞の報道、政治家や大学教授の言葉を鵜呑《うの》みにし、踊らされ、騙《だま》されたと憤慨し、その後も永遠に騙され続ける存在がB層です。

B層は陰謀論が好き

B層はジャンクな情報に流されます。

たとえば陰謀論です。

陰謀が存在するのは歴史的事実ですが、私は陰謀論・陰謀史観には与《くみ》しません。

陰謀論は最初に結論があるので、容易に情勢を説明することができる。要するに、B層の「世界をわかりやすく理解したい」という欲望、あるいは「世界はわかりやすく理解できるはずだ」という妄想が、陰謀論の土壌になっている。

二〇一二年六月、『週刊文春』が小沢一郎の女房の手紙をスクープしました。

「全文公開　小沢一郎　妻からの『離縁状』」です。

この手紙によると、小沢は東日本大震災後、放射能が怖くなり秘書と一緒に逃げ出そうとしたそうです。また、隠し子を別の女の養子に入れたりと、小沢の悪行の数々が明らかになった。

すると、「これは捏造《ねつぞう》文書だ」「検察の陰謀だ」「CIAの謀略だ」と言い出す陰謀論者が案の定出てきました。手紙を書いた女房や小沢本人がコメントを出していない段階にもかかわらず。

裏を取ることができない情報を、圧倒的な自信を持って主張するのがB層です。

検証可能なものと不可能なものを峻別《しゅんべつ》する。

わからないことに対しては態度を保留する。

それが正常な人間ですが、B層は大手メディアが報道しない「真実」を知っているという。ネット上には「真実の情報」が流れているそうです。

欧州の極秘会議の議事録を、なぜか引きこもりのネットオタクが知っているという間抜けな状況に対して、疑問に思わないのがB層です。

ラーメン屋の門外不出のスープがスーパーマーケットに並んでいるのと同じで、闇の組織がひた隠しにする計画についての情報が街場の書店の陰謀論コーナーで手に入ったりする。

以前、某氏と対談した際、陰謀論の構造を全否定したことがあります。

それは書籍になったのですが、太田龍《おおたりゅう》（一九三〇〜二〇〇九年）という元新左翼の陰謀論者が絡んできました。

まともに対応する相手ではないので無視しましたが、陰謀論者の思考回路を垣間見ることができるので、ここで紹介しておきます（「太田龍の時事寸評」）。

このひとによれば、ニーチェは、反ユダヤ主義を否定した、と言う。そのことが、繰り返し強調されて居る。しかし、それではこのひとは「ユダヤ主義」をどのように考えるか。それが、実に信じられないくらい、浅薄である。

（中略）

このひとは、ユダヤ教に「タルムード」が存在することを、全く知らないのであろうか。「タルムード」を知らずして「ユダヤ」を云々するとは、およそあり得ない話しであるが、ひょっとしたら、本当に知らないのかも知れない。「タルムード」は、ユダヤ教の「ラビ」と結び付いて居る。するとこのひとは、「ラビ」とは、正確に何者なのか、そのことすら、何も知らないのかも知れない。

（中略）

つまり、このひとは、ユダヤの歴史を知らない可能性がある。ユダヤの歴史を知らずしてユダヤについて、ご大層なことを言う。このひとは、自分の「無学」と「無知」が恥かしくないのであろうか。

「ひょっとしたら」「かも知れない」「可能性がある」という話がいつの間にか、事実になってしまうわけですね。これが典型的な陰謀論の構造です。ちなみに私はこれまで「ユダヤ主義」なるものについて語ったことは一度もありません。だから、ひょっとしたら人違いだったのかもしれません。

ともかく、こうした人々が正義を唱えだすのが、B層社会の面倒なところです。

ネットの情報は玉石混淆《ぎょくせきこんこう》です。正確に言えば、ほとんどゴミです。

逆に言えば、自分の世界観を補強してくれる情報を簡単に集めることができる。

B層が求めているものは**《一貫性》**です。

都合のいい情報をネットで集めることにより、万能感、自己肯定感が高まっていく。

つまり、情報化が情報弱者を生み出しているのです。

過剰な情報により、世界がますます狭くなり、情報から遮断《しゃだん》されていく。

こうした動向が社会のB層化を推し進めています。

B層は、自分の世界観を肯定するために本を読みます。簡単に理解できるもの、自分の世界をあたたかく包んでくれるものしか受け付けない。

それが目的化しているので、都合の悪い情報は目に入ってきません。そこで必然的に発生する矛盾は、陰謀論に回収させるというわけです。

繰り返しますが、陰謀は存在します。CIAの公開文書を読むと、謀略が歴史を動かしてきたことがわかります。証拠と論理を積み重ね、それを追及するのがジャーナリズムの仕事です。

しかし、陰謀論者は結論から原因を演繹《えんえき》する。

つまり思考回路がおかしいのです。

大衆とB層の違い

大衆とB層はどこが違うのか？

このような質問を受けることがあります。

それではまず大衆とはなにかについて考えてみます。

「大衆は身分の低い層のことだろ」と言う人がいます。

違います。

大衆は前近代的な階級社会が崩壊した結果、都市部において発生しています。故郷を失い、バラバラになってしまった個人。水面に浮かぶ根無し草のように流されていく人たち。それが大衆です。

近代社会においては国民は平等ということになっています。そこでは身分階層は否定される。その土壌の上に、大衆は存在します。

「大衆は労働者や貧乏人のことだろ」と言う人がいます。

これも違います。

大衆は、職業や経済的階層とはまったく関係ありません。

オルテガは、大衆を次のように定義します（以下オルテガの引用は『大衆の反逆』）。

社会を大衆と優れた少数者に分けるのは、社会階級による分類ではなく、人間の種類による分類なのであり、上層階級と下層階級という階級的序列とは一致しえない。

大衆とは、善い意味でも悪い意味でも、自分自身に特殊な価値を認めようとはせず、自分は「すべての人」と同じであると感じ、そのことに苦痛を覚えるどころか、他の人々と同一であると感ずることに喜びを見出しているすべての人のことである。

わたしはその人間（今日の世界を支配している新しいタイプの人間）を大衆人と呼び、その主な特徴は、彼は自分自身凡庸《ぼんよう》であることを自覚しつつ、凡庸たることの権利を主張し、自分より高い次元からの示唆《しさ》に耳をかすことを拒否していることである点を指摘した。

つまり、大衆とは「人間のあり方」なんですね。隣の人の価値基準に寄り添う人、自分を持たずに流されていくような人です。オルテガの言葉を使えば、「多くをもとめ、進んで困難と義務を負おう」としない人々、「自分に対してなんらの特別な要求を持たない人々」です。

要するに、われわれの時代を代表するような困った人たちです。

彼らは近代——進歩史観に完全に洗脳されており、**《共同体の慣習》《過去に対する畏敬》《良識》《日常生活のしきたり》**を軽視します。

近代社会においては、この大衆が社会を蝕《むしば》んでいきます。

オルテガは嘆きました。

〜〜〜〜〜〜〜〜

その本質そのものから特殊な能力が要求され、それが前提となっているはずの知的分野においてさえ、資格のない、資格の与えようのない、また本人の資質からいって当然無資格なえせ知識人がしだいに優勢になりつつある。

近代大衆社会の末路について、過去の賢者が示した姿は、決して明るいものではありません。

そこでは、知が軽視され、無知が称揚《しょうよう》される。

バカがバカであることに恥じらいを持たず、素人が素人であることに誇りを持つ。

素人が圧倒的自信を持って社会の前面に出ていく。

こうした社会の主人公がB層です。

B層とは、近代において発生した大衆の最終的な姿です。

反原発デモと坂本龍一

関西電力大飯《おおい》原子力発電所の再稼働に抗議する人々が首相官邸前に集まったそうです。

再稼働二日前の二〇一二年六月二九日には、抗議行動が一気に拡大し、警察の機動隊も出動しました。

ツイッターやフェイスブックなどで参加を呼びかけたのは市民ネットワーク「首都圏

反原発連合」とのこと。動画で確認したところ、プラカードやイラストを手にして歩いているのは中高年が多いようでした。

四月の最初のデモの参加者は約三〇〇人、再稼働決定前日の六月一五日には一万一〇〇〇人、六月二九日には約二〇万人が参加したと主催者は発表しました。

でも、警視庁の発表は約一万七〇〇〇人です。

同様に、七月二九日の国会議事堂前のデモは、主催者発表で約二〇万人、警視庁発表で約一万二〇〇〇人でした。

これは誤差の範囲ではありません。

傍観者を含める含めないといったカウント方法の違いだけで説明できる数字でもない。

つまり、どちらかが大法螺《おおぼら》を吹いているということです。

どちらかが完全なデマゴーグであるということです。

嘘つきはどちらかはすぐにわかります。警視庁がデマを流すメリットはありません。

これは戦後左翼の典型的な手法です。

こういうことを続けているから、反原発運動はいかがわしいと思われるのです。

すでに述べましたが、私は原発推進派でも反対派でもありません。「原発は絶対に安全だ」という意見にも「原発は絶対に危険だ」という意見にも与しない。ただ、専門家の意見と主婦の不安を同列に扱う世の中は狂っていると思うだけです。

デモの原理は「参加」です。

普通の大人なら、デモをしたところで原発が止まるわけがないことくらい理解しています。むしろ、デモを始めた途端、すべての原発が止まってしまうようでは、怖くてデモもできなくなる。

坂本龍一
（1952年〜）作曲家

一番重要なのは、原発問題という旬の時事ネタに参加することです。

六〇年安保の原理も「参加」だと思います。ピエール・ド・クーベルタン（一八六三〜一九三七年）の「参加することにこそ意義がある」みたいなもので政策判断に大衆が参加するという気分が重要なのです。

七月一六日に代々木公園で開催された「さ

ような原発一〇万人集会」では、ニューヨーク在住のミュージシャン坂本龍一《さかもとりゅういち》が壇上にあがり、「たかが電気のために命を危険に晒《さら》してはいけない」などと発言して笑われていましたが、結局彼も参加したかったのだと思います。「当時を思い出して血が騒いだ」とも言っていましたが、要するに寂しかったのでしょう。それで昔の仲間と親睦を深めた。

総理の野田佳彦《のだよしひこ》は、首相官邸前のデモに関し、「大きな音だね」と語っていました。どちらにせよ、茶番というか呑気な話だなと思ってしまいます。

《参加》の気分が重要

B層はエコロジーが大好きです。

「エコ」の最大のポイントは、「参加」です。

彼らは、なにかに参加したいのです。

ボランティア活動も参加です。

彼らにとっては「参加した感」が重要なので、現場に行ってスコップで穴を掘ったりしたい。電話番などの裏方仕事、事務方に回るのは「参加した感」がないので嫌なんですね。

街頭で募金活動をやっている人もそうです。

突っ立って「お願いしまーす」とかやっている暇があるなら、アルバイトでもして稼いだカネを全額寄付すれば社会のためにもなりますが、それだと「参加した感」がないからダメなのです。

東日本大震災の後、あちこちで募金活動がはじまりました。

募金自体はいいことですが、集めたカネを懐《ふところ》に入れてしまう詐欺師が多い。NPOを名乗っていても活動費という名目で鞘《さや》を取る。

震災直後、SNSのミクシィに「募金をしたければ国か自治体に」と書き込んだところ、すごい反発が来ました。「まじめに募金活動をしている人たちに失礼だ」というのです。

これはおそらく「参加」の気分をぶち壊されたからだと思います。

震災後に売れない歌手が被災地に行って歌を唄ったりしました。あれも「参加」です。

「偽善と思われてもいい」などと言っていましたが、誰も偽善だなんて思っていません。ただの迷惑です。一体どれだけ高慢になれば「自分の歌で心を癒《いや》してほしい」などと言えるのでしょうか。

要するに、子供ばかりの社会になってしまった。

現在は、素人が社会に参加する時代です。

テレビ番組も素人参加型が多くなってきた。それにともない、プロが素人に裏事情を暴露《ばくろ》するという流れも加速した。楽屋オチの増加や番組のプロデューサーが表に出てくるようになった。

インターネットの口コミサイトやアマゾンのレビューも「参加したい」というB層の欲望を利用したものです。

こうして、素人と玄人の境界が消滅します。

お好み焼きでも誇りを持っている店は、絶対に素人には焼かせません。焼いている途中のお好み焼きを客がコテでいじろうとすれば、店のおばちゃんがすっ飛んできて止められます。

でも、そんなことでもあればB層は激怒します。店員の態度が悪いと。それで口コミサイトで酷評する。B層は技能の価値を理解しないのです。

B層が、お好み焼きをコテでぎゅーぎゅー押さえつけたいという欲望を持つなら、親切なアドバイスはせずに、かちかちのお好み焼きを食わせておけばいいのです。「参加」だけが、彼らの生きがいなのですから。

大衆社会の最終的な姿であるB層社会においては、「コテ先」の対応は通用しません。ニーチェの予言どおり、これは近代二〇〇年の問題なのです。

神奈川県を独立国にする?

B層はなにかにつけて口を突っ込みたがる。

そうした特性を利用して、メディアは世論をつくります。

テレビ番組の街頭インタビューは、当然特定の意図のもとで行われます。そもそも、テレビカメラの前でほいほい意見を開陳《かいちん》するような奴は、おっちょこちょいなので質問の罠に気づくことはありません。よって、誘導されたとおりのことを喋《しゃべ》ります。

また、特定の意図がない場合でも、意味がないものは多い。

通り魔事件があったとして、「びっくりしました」とか「本当に怖いです」といった「近所の人の声」を流す必要はどこにもありません。番組を制作する側は、こうしてB層の共感を狙うわけです。

新聞に社説が載ってしばらくすると、投書欄に同じような意見が掲載されます。投書欄は新聞社が世論をつくるために存在します。新聞に投書するのは、控えめに言っても市井《しせい》の人々ではありません。プロ市民とまでは言いませんが、自分の意見を開陳したくて仕方がない人々です。

こうした世論、民意が恐ろしい結果を引き起こすことがあります。

テレビによく出ている、なんだかわからない人を政界に送り込んでしまう。

たとえば、神奈川県知事の黒岩祐治《くろいわゆうじ》。私は以前から完全にあちら側の世界の住人として注目していました。

『ニーチェの警鐘』でも書きましたが、二〇一一年の知事選の際、彼は「四年間で二〇〇万戸分の太陽光パネル設置」を公約として掲げました。

もちろん、それが不可能であることはサルでもわかります。同年三月一一日に発生した東日本大震災および福島第一原子力発電所事故による社会混乱に便乗した悪質な詐欺《さぎ》です。

ところが、この詐欺師が知事になってしまった。これが今の日本社会です。

同年一〇月、記者団が公約の不履行を追及すると、黒岩は「あのメッセージは役割を終えた。忘れてほしい」と返答します。

小泉純一郎も民主党も、公約の不履行をごまかしましたが、「忘れてほしい」というのは前代未聞です。わが国の政治腐敗が新たな段階に入ったということだと思います。

この黒岩が今度は「日本から神奈川県を独立させる」と言い出しました。

特区制度を全県に活用し、労働、医療、産業などの分野で規制を徹底的に緩和し、県を「自治政府」とも言うべきものにしたい。

（中略）

いわば日本の中の「外国」を作る。（二〇一一年一二月に指定を受けた）京浜臨海部の国際戦略総合特区を一つの起爆剤にしながら、全県的に規制緩和が実施できるようにする。財政の自立が大きなポイントで、税の徴収権を持つことになる。（『読売新聞』二〇一二年四月二五日）

与太だとしても放っておいていいレベルではありません。これは領土内における国権の問題です。これが本当の痴呆自治であり、痴呆分権です。

バカに権力を渡すとロクなことになりません。

現代人の《未来信仰》

賢者の言葉を紹介した本が売れています。

ゲーテやニーチェ、フランツ・カフカ（一八八三～一九二四年）といった先人の言葉をコンパクトにまとめたものが多い。こうした中、巷でよく聞かれるのが、「ゲーテは今から二〇〇年も前の人なのにこんなにすごいことを言っていたのか。驚きました」「ゲーテの言葉は今の世の中でも十分に通用しますね」といった類《たぐ》いの反応です。

はっきり言ってうんざりします。

「どれほど上から目線なのか」と逆に驚いてしまう。

たかだか二〇〇年後に生まれたというだけで、一段上の立場から「昔の人なのにすごい」とゲーテを褒めるわけです。

これは近代——進歩史観に完全に毒された考え方です。すなわち、時間の経過とともに人間精神が進化するという妄想です。

彼らに悪気がないことはわかる。ただ感じたことを口にしただけです。だからこそ深刻です。捻じ曲がったイデオロギーが身体のレベルで染み付いてしまっている。

たしかにこの二〇〇〇年で科学技術は進化し、生活は豊かになりました。

当時、電話は存在しなかったが、今では誰もが携帯電話を使いこなしています。しかし、ほとんどの現代人はケータイの構造を理解していません。与えられたものを便利だから使っているだけであり、二〇〇〇年前どころか原始人となにも変わりはない。むしろ、石器を手作りしていた原始人のほうが、世界を深く認識していた可能性があります。

現代人が先人より優れている証拠はどこにもない。その一方で、劣化を示す兆候は枚挙にいとまがありません。

その原因は《**未来信仰**》にあります。

かつては「昔の人だからすごい」という感覚はあっても「昔の人なのにすごい」という感覚はありませんでした。偉大な過去に驚異を感じ、畏敬《いけい》の念を抱き、古典の模倣《もほう》を繰り返すことにより文明は維持されてきたからです。

J・W・V・ゲーテ
（1749～1832年）作家・政治家

過去は単純に美化されたのではなく、常に現在との緊張関係において捉えられていました。

ゲーテは「過去からわれわれに伝えられているものを絶えず顧《かえり》みることによって初めて、芸術と学問は促進され得る」と言います。

たとえば、一五世紀のイタリア・ルネサンスは、古代ギリシャ・古代ローマの**《再生》**による人間の復興を目指す運動でした。同時にそれは、進歩史観の起源にあたるキリスト教的歴史観に対する芸術の反逆でもあった。

ところが近代において進歩史観が勝利を占め、過去は**《冷徹な歴史法則》**なるものにより、都合よく整理されてしまいます。歴史は学問の対象に、古典は教養の枠に閉じ込められた。大衆社会において、ついに歴史は趣味になります。

現代人の趣味に合わないものは「昔の人の価値観だから」と否定されるようになった。

大衆は自分たちが文化の最前線にいると思い込むようになり、古典的な規範を認めず、視線を未来にだけ向けるようになります。

過去に対する思い上がり、現在が過去より優れているという根拠のない確信……。畏《おそ》れ敬《うやま》う感覚が社会から失われたのです。

「三〇〇〇年の歴史から学ぶことを知らないものは闇の中にいよ」とゲーテは叱りました。

現在、自我が肥大した幼児のような大人が、闇の世界で万能感に浸るようになっています。革命、維新などという近代的虚言を弄《もてあそ》んでいる連中は、歴史と一緒に大きく歪んだ頭のネジを巻きなおしたほうがいい。

今の世の中はなぜくだらないのか？

第二章

B層が行列をつくる店

今や最大の消費者はB層です。

こうした状況の中、隆盛を極めているのがB層グルメです。

B層がこよなく愛し、行列をつくる店がB層グルメです。

いわゆるB級グルメが「安くて旨いもの」であるのに対し、B層グルメは必ずしも安いわけでも旨いわけでもない。

しかし、B層は誘蛾灯《ゆうがとう》に群がる蛾のように引き寄せられていきます。

なぜならB層グルメは、行動心理学から動物学まで最新の知見を駆使し、B層の趣味嗜好《しこう》・行動パターンを分析した上でつくられているからです。

店の立地、席の配置、照明の角度をマーケティングにより決定し、さらに「産地直送」「期間限定」「有機栽培」「長期熟成」「秘伝」「匠《たくみ》の技」といったB層の琴線《きんせん》に触れるキーワードを組み合わせていく。こうして、日本全国、駅前からデパートのグルメアーケードまで、同じようなチェーン店が立ち並ぶようになってしまいました。

先日、JR池袋駅近くのビルのグルメアーケードに、チェーンの串揚げ屋が出店しました。制限時間九〇分の食べ放題制で、冷蔵ケースには三〇種類の串ネタが入っている。

客はセルフサービスで串を選び、各テーブルの中央に設置されたフライヤーを使って自分で揚げる。ソースは甘口、辛口、ポン酢など八種類を揃えているという。

もちろん、そんな店には入りませんでしたが、池袋の一等地に出店したということは、かなりの客数が想定されます。

この話を知人にすると「なかなか楽しそうな店だね」との反応。一方私は、そこに近代大衆社会の最終的な姿を見いだし、暗澹《あんたん》たる気分になりました。

揚げ物には高度な技術が要求されます。プロの料理人と素人では仕上がりに歴然たる違いが生じる。当然です。だからこそわれわれは、家庭では再現できない職人の技術にカネを払うのです。

「自分で揚げろ」というのはプロの仕事の放棄です。

「串揚げなんて所詮《しょせん》駄菓子なんだから目くじらを立てる必要はない」

たしかにそうかもしれません。しかし、一事が万事ということがあります。ちょうどアリの穴から堤が崩れるように、串揚げ一本から国家が崩壊することもあるのではないか。

素人が玄人の仕事に口を出す。それどころか、参加してはならない場所に侵入する。これは近代が内包する問題です。

氾濫するB層鮨屋

現在、鮨屋のB層グルメ化が進んでいます。

すでに述べたようにB層は収入の多寡《たか》による区分けではありません。よって、「金持ちB層」と「貧乏B層」が存在します。

「貧乏B層」向けの鮨屋の典型はMでしょう。

某デパートのレストラン街が改装されて、寿司田系列の「桂」がなくなってしまい、Mがプロデュースする回転鮨ができたのですが、いつも行列ができています。下手をすると、おばさんが五〇人ぐらい並んでいる。

それで一応視察に行ったのですが、予想通り論外でした。

鮨はもちろん、お茶もダメ、生姜《しょうが》もダメ。

つまり、こうした店の場合、人気と鮨の完成度は関係ないということです。

重要なのは、マーケティングにより、B層の琴線に触れるような見せ方をすること。

こうした店の生姜は恐ろしい味がします。ベトつくような嫌な甘みがいつまでも口の中に残り、うがいをしてもなかなか消えない。

Tという大手鮨チェーンがあります。

そこの鮨に入っているのは、調味料（アミノ酸）、着色料（クチナシ、カラメル）、甘味料（サッカリンNa）、保存料（ソルビン酸K）、増粘剤（加工でん粉、キサンタンガム）、酸化防止剤、リン酸塩、ソルビット、pH調整剤……。

醤油には、果糖、ぶどう糖、液糖、かつお節エキス、発酵調味料、昆布エキス、酵母エキス、アルコール、調味料（アミノ酸等）……。

「化学調味料を使っているなんてけしからん」などと、某グルメ漫画みたいなことを言いたいわけではありません。B層の味覚にあわせて、なんでもいいからぶち込んでいくという姿勢が、今の時代を象徴しているのです。

Ｂ層は即物的な快楽に流されます。

Ｂ層向けの飲食ビジネスは、動物としてのヒトのエサをつくることであり、食文化とは関係がない。それで、酢飯に無闇《むやみ》に砂糖やサッカリンをぶちこむのです。

これは鮨屋に限ったことではありません。

知人の弁当屋によると、惣菜に砂糖をぶちこむと売り上げが伸びるそうです。だから、焼き肉にもハンバーグにも玉子焼きにもたくさん砂糖を入れる。逆に味を洗練させると売れなくなってしまう。

知人のラーメン屋は、スープにどっさり砂糖を入れます。チャンポンをつくるときも、たまねぎとキャベツから甘さを引き出すのに手間と時間がかかるので、砂糖を入れる。

これはＢ層文化一般に言えることです。

小説でも映画でも音楽でも、化学調味料と甘味料をぶち込んで、ひたすら甘くする。動物としてのＢ層に訴えかけるわけです。

一方、「金持ちＢ層」を狙った鮨屋もロクなものではありません。

Ｂ層は技能としての鮨ではなくて、愛想を求めてやってきます。そこでは鮨の技術を磨くことより、常連客の顔と名前を覚えることのほうが重要になります。生ビールや吟醸酒、シャンパン、ワインなどを居酒屋並みに揃えることも大切です。

友人の鮨職人によると、「こうした客は、わさびを醤油に溶いてしまうので、どんなにいいわさびを使っても同じ」とのこと。

夜七時と夜九時の二部構成にして、予約客が揃ったところで「ヨーイ、スタート!」で始めるようなブロイラー系高級鮨屋も増えました。完全コース制にすることにより、仕入れの無駄を省き、コストパフォーマンスを高めるわけです。

順番に握っていくので、滞《とどこお》りがあるとツバメの雛《ひな》状態ですが、コスパが大好きなB層は文句を言うことはありません。

地元住民が集まる鮨屋が居酒屋化することは、ある意味必然であり、なんの問題もありません。銀座の同伴系の鮨屋がB層サロン化しようが知ったことではありません。

しかし、問題はきちんとした鮨屋をB層が侵食していることです。

デブブームは不健康ブーム

この一〇年、わが国をデブブームが襲いました。

二〇〇〇年からテレビ東京で放映された『debuya』がゴールデンタイムに昇格したのが二〇〇三年のこと。その後、『元祖！でぶや』として二〇〇八年まで続きました。

グルメレポーターの彦摩呂《ひこまろ》という人がいます。

あの人が食べ歩いているうちにすごく太って、オットセイの化け物みたいになっている。顔も土気色で、首がなくなって、目が飛び出ている。ああいう不健康なものはよくないと思います。

デブを持ち上げるのは病んだ社会です。

デブは死に直結します。松村邦洋《まつむらくにひろ》は東京マラソンの最中に倒れて、一時心肺停止の状況に陥りました。私は松村さんを芸人として尊敬していますが、デブを走らせてはいけない。

たしかにデブは丸いから視聴者を安心させるし、テレビ的にも収まりがいい。

しかし、デブというだけで「いい人」だと思われる風潮は問題です。

テレビに出てくるデブの中にも、目つきが鋭い人もいる。暴れん坊がデブを隠れ蓑にして、社会に溶け込もうとしている可能性もある。デブというだけで油断するのは危険です。

デブは貴重な食料をむしゃむしゃと食べてしまう。エアコンもガンガンに効かせる。エコとか節約とか言うなら、まずデブの問題を解消すべきです。

デブブームとは、要するに不健康ブームです。

これは退廃以外のなにものでもありません。

無責任にデブを擁護したメディアの罪は重い。

二〇年ほど前、渋谷に集まる少年少女の肌が真っ黒になるという現象が発生しました。渋谷のセンター街に行くと、男のコは一様に長髪で、一様に日焼けして、一様にチノパンを穿《は》いて、一様にニューバランスの靴を履《は》いていた。

コギャルと呼ばれた人々も、同じようなバッグを持って、同じように日焼けして、同じような靴下を穿いていました。

「デブ枠」と同じで、あれもメディアがつくったものです。要するに、メディアが「コギャル」というカテゴライズをしたので、少女たちは安心して変な靴下を穿くことができた。それで離島の漁師の娘まであの靴下を買い求めるようになる。これは隣の人の格好に合わせるというオルテガの大衆の定義そのものです。

こうした現象は、あまり見られなくなったようで、実は根深い。

美白ブームも反転しただけの「焼き直し」です。

周囲に日焼けしている人がいなくなったので、今度は黒くなるのが恥ずかしくなる。「個性的なものを求める」といっても、前提は隣の人間の価値観です。

エリック・クラプトンのビジネスに学ぶ

先日、『朝日新聞』に「最近のJポップは紋切り型が多い」という記事が出ていました。

しかし、そもそもポップスとは紋切り型のものです。

コード進行も限られていますし、歌詞だって突飛なものは好まれない。

二、三回聴いただけで誰でもカラオケで唄うことができる曲の構造になっています。

こうした制約の中で、面白いものを見せるのが、プロの世界です。

そういう意味で私が注目しているのは歌手の山下達郎《やましたたつろう》です。

山下はポップスの研究者でもあり、レコードコレクターでもある。ソウル、ファンク、ブルース、ドゥーワップ、ゴスペルまで、あらゆるおいしいフレーズを引用したポップスをカッチリとつくる職人です。

私は山下の全アルバムを分析したことがあるのですが、歌詞が圧倒的にすごい。紋切り型の中の紋切り型ばかりです。

目を閉じて、抱きしめて、奇跡、永遠、翼、明日への扉、長い夜、輝く、素敵な、さよなら、おやすみ、風の音、世界の果て、胸の奥、愛を描いて、ポケットに詰め込んで……。

バラバラにして適当に並べ替えれば、いくらでも歌詞になる。

つまり、山下にとっては歌詞なんてどうでもいいのです。

貶《けな》しているのではないですよ。これは意図的にやっているはずです。

「ポップスは紋切り型のものである」という

山下達郎
（1953年〜）歌手

強い信念を感じる。

ポップスはお菓子のようなものですが、これはあるべきお菓子職人の姿です。

ところが、今は素人が暴走している。

テレビの音楽番組では、アート（芸術）の対極にあるジャリタレが「アーティスト」と呼ばれています。

『ニーチェの警鐘』でも書きましたが、現在は大企業のエリート社員が、マーケティングを駆使し、大量の資本を投入することにより、B層の琴線に触れるコンテンツを量産しています。

要するに、マーケッターがポップスをつくっている。

そこでは、音楽そのものよりも、歌い手の容姿や生い立ち、持病、スカートの丈の短さなどが重視されます。

不幸でさえ商売のネタになります。

B層は私小説的なものが大好きだからです。

この手の商売がうまいのがエリック・クラプトンですね。

彼はジョージ・ハリスン（一九四三〜二〇〇一年）の嫁を寝取って、彼女への思いを「いとしのレイラ」という曲にしました。さらに息子が転落死すると「ティアーズ・イン・ヘヴン」という曲を書いてヒットを飛ばす。

息子が死ぬのは大変なことでしょう。それを商業ベースに絡めてしまうところにクラプトンの生き様が現れている。

Jポップだと私は尾崎豊《おざきゆたか》（一九六五～一九九二年）に注目しています。

尾崎の歌詞の世界はものすごく狭い。

愛とか世界平和とか無闇にスケールの大きいことを唄う歌手が多い中で、尾崎の歌詞のスケールの小ささは貴重です。反抗といってもバイクを盗んだり、校舎の窓を割ったりするくらい。半径三メートルくらいの世界です。

エリック・クラプトン
（1945年～）ギタリスト・歌手

聞いた話によると、尾崎はひょうきんな人で、寡黙なイメージはレコード会社の販売戦略だったらしい。尾崎もクラプトン同様、現在のポップスに求められているものを理解していたのだと思います。

口パクを擁護する

先日、大阪で口パク問題が発生しました。

橋下徹大阪市長の友人の民間人校長が、卒業式の国歌斉唱の際、教職員が口パクかどうかをチェックしていたそうです。

これに対して橋下は、「完璧なマネジメントだ」と述べています。

国歌を軽視しているからこそ、こういうことができるのです。

小泉純一郎が靖国神社を政治の道具として利用したのと同じで、「B層保守」向けのパフォーマンスですね。

B層保守とは、近代主義者なのに自分は保守だと勘違いしている人々です。歴史を知らない若者や反共だけが生きがいの素朴な老人が多いようです。

こうしたB層保守が、小泉や橋下の愛国パフォーマンスに簡単に騙されてしまう。本質を問わずに、表面的なところしか見ていないからです。

国歌を実際に唄っているかどうかではなくて、国歌を大事にする姿勢が大事です。だから、別に口パクでもかまわない。

テレビの歌番組の口パクだって、問題にするほうがおかしいのです。アイドル歌手がきちんと唄えるわけがないでしょう。だいたい口パクが禁止になったら、音痴な歌手が困ってしまう。

アルトサックス奏者の山田大介さんから聞いた話ですが、イギリスのアイドルグループのデュラン・デュランが来日公演をしたときは、完全に口パクだったらしい。もともと口パクのバンドだったが、そのときは開き直って全員なにも持たずにステージに出てきたと。

そこまで徹底すれば立派です。

でも、口パクでもグラミー賞くらい取れるのです。

昔、ミリ・ヴァニリという二人組の歌手がいましたが、別のバンドに唄わせておいて、本人たちは口パクでグラミー賞最優秀新人賞をとってしまった。

二〇〇八年の北京オリンピックの開会式で唄っていた九歳の女の子も口パクでした。本人が唄ったものを録音して流したのではなく、まったく別の女の子が唄っていた。

すごかったのは、北京オリンピック音楽総監督の説明です。

「(口パクは) 国益のためだ。画面に登場する子供のイメージは完璧でなければならない」

北京オリンピックでは、開会式の花火の映像もCGでつくっていました。

これに対し「中国は偽装国家だ」と批判していた人もいましたが、別の視点から見れば、中国がデュラン・デュランやミリ・ヴァニリと同じステージに立ったということです。口パクに目くじらを立てるような社会は、病んでいるのです。

自由になれない理由

フリージャズという分野があります。

このジャンルは恐ろしいほどピンキリです。面白いものもあるが、ダメなものがかなり多い。

一般的には、オーネット・コールマンの登場によりフリージャズが始まったとされていますが、オーネットはどちらかというと理論体系を構築しようとした人です。リズムやハーモニーについて独自に考えた。

デレク・ベイリー（一九三〇〜二〇〇五年）というイギリス人のギタリストがいます。フリージャズの中でも独特の位置に立つ人ですが、ヴォイスパフォーマーの巻上公一がはじめて見たときの衝撃を記しています（『声帯から極楽』）。

〜〜〜〜〜〜〜〜〜〜〜〜〜〜〜〜〜〜〜〜〜〜〜〜〜〜〜〜〜〜〜〜

ぼくが初めてデレク・ベイリーに接したのは77年だった。（中略）デレク・ベイリーの演奏を実際に見たのはその翌年の78年である。渋谷の西武劇場（現・パルコ劇場）で日本の音楽家たちと演奏をした時だった。近藤等則や阿部薫の指癖、吹き癖に情念を足したうるさすぎる旧式の演奏に辟易した覚えがある。彼らはまだ破壊に幻想を持っていた。

だが、デレクのソロには仰天した。彼の演奏はそういった幻想を無化せしめる独創性を持っていた。ハーモニクスを多用し、セミアコースティック・ギターの生音をさらにマイクで拾い、ヴォリュームペダルでそのパースペクティブを広げる。ふたつの次元を自由に往来しながらも、ストイックなまでに所謂ギターらしい音はほとんど出さない。

要するに、破壊の幻想、指癖と情念だけでは自由になれないということです。

ベイリーは、もともとスタジオ・ミュージシャンで、コマーシャル音楽をつくったりしていました。通俗的なものを知り尽くしていたことが、固定化されたフレーズからフリーになることができた要因なのかもしれませんが、これは《**自由**》という概念一般にいえることです。

破壊が《**自由**》をもたらすというのは愚かなオプティミズムにすぎません。

それどころか、破壊はたいていの場合、非常につまらない結果に終わる。

近藤等則《こんどうとしのり》や阿部薫《あべかおる》（一九四九〜一九七八年）の底の浅さは、そこに由来すると思います。

ゲーテが破壊についていいことを言っています。

政治革命においては、人々は最初のうちはさまざまな不法を正すことだけを要求するが、あっという間に流血の惨事に突っ込んでしまう。同様に、文学の顚覆《てんぷく》をはかっているフランス人たちも、最初は形式の自由だけを求めていたが、今や、形式とともに今までの内容も非難している。

要するに、破壊ではなくて、形式の再構築が重要なのです。壊すだけならガキでもできる。オーネットやベイリーは一定の答えを出しましたが、日本のフリージャズの多くは、そこで失敗したんだと思います。

アメリカのフリージャズも陳腐で類型的なものが多い。

たとえば、当時を象徴するアルバムとしてアーチー・シェップの『ザ・マジック・オブ・ジュジュ』（一九六七年収録）があります。当時のムーブメントに流され、マリオン・ブラウン（一九三一〜二〇一〇年）みたいなバッパーまで参加した。

その後、シェップはフリージャズのネタも切れ、三流ファンク路線を経由しながら、歌モノのスタンダードやブルースを演奏するようになります。それがまた下手でどうしようもない。シェップの失敗は中途半端にモダンにかかわりながらプレモダンに理想を求めたことです。

シェップは演奏に政治的な主張や黒人性を盛り込んでいく。

「黒人としてのルーツを探す」というわけです。

でも、モダンジャズにルーツはないんですよ。

モダンジャズの創生期に黒人が活躍したのは事実ですが、モダンジャズは音楽の形式なので、ユダヤ人も黒人も日本人も土俵は同じはずです。

音楽の世界でも**《革命》**が引き起こしたのは**《不自由》**でした。

日本人でも勘違いして、「われわれは日本人としてのルーツを探さなければならない」などと言い出す奴が出てきます。

穐吉敏子《あきよしとしこ》の「ミナマタ」みたいに日本的な物語と和楽器をジャズに組み込んだり、日野皓正《ひのてるまさ》が尺八奏者と演ったり、山下洋輔《やましたようすけ》が和太鼓を導入したり。

発想が安易なんですね。

それで新聞の文化部記者が「西洋と東洋の見事な融合」などとヨタ記事を書いたりする。

そもそもモダンジャズを破壊してもなにも残りません。

中上健次《なかがみけんじ》(一九四六～一九九二年)は『破壊せよ、とアイラーは言った』を書きましたが、多分、アルバート・アイラー(一九三六～一九七〇年)は、そんなことは言っていなかったと思います。なぜなら、アイラーはなにも破壊していないからです。アイラーの音楽は最初からフォークや民謡に近い。

マイルス・デイヴィスはフリージャズを完全に無視しました。これは大人の見識だと思います。

B層を利用する英会話ビジネス

ユニクロを傘下に持つファーストリテイリングや楽天など、社内公用語を英語にする企業が登場しました。小学校では英語授業が必修化されたそうです。世も末です。

近年、英会話ブームが再発しているらしい。

福澤諭吉
（1835〜1901年）武士・教育者

しかし、まともな国なら、人為的な操作でもしない限り、英会話ブームなんてものは発生しようがありません。

福澤《ふくざわ》諭《ゆ》吉《きち》（一八三五～一九〇一年）が『学問のすゝめ』でいいことを言っています。

> 或いは書生が日本の言語は不便利にして文章も演説も出来ぬゆえ、英

語を使い英文を用いるなぞと、取るにも足らぬ馬鹿を言う者あり。按ずるにこの書生は日本に生れて未だ十分に日本語を用いたることなき男ならん。国の言葉は、その国に事物の繁多なる割合に従って次第に増加し、毫も不自由なき筈のものなり。何はさておき、今の日本人は今の日本語を巧みに用いて弁舌の上達せんことを勉むべきなり。

福澤がだいぶ昔に言い尽くしてしまっている。

つまり、英会話ブームとは、一部のおかしな人たち、取るにも足らぬ馬鹿が、「これからはグローバリズムの時代だ」「英会話ができないと世界の潮流から取り残される」「日本語の構造は曖昧で論理構築に向いていない」などと言っているのを、B層が真に受けているだけの話です。

まず、前提として日本人はなぜ英語をしゃべることができないのか?

必要がないからです。

理由はそれだけです。

よって英語をしゃべることができない人は、必要がないのだから、英語を勉強する必要もないのです。

これで論証は終わります。

日本人の英語能力は戦前に較べてかなり落ちていますが、これは、どちらかというといいことなのです。

英会話ができるということは、文化的に優れているということではありません。

たとえば、東欧の小国には、自国語以外に英語を流暢《りゅうちょう》に話す人が多い。

それはなぜか？

優秀な人が多いからでも、教育が進んでいるからでもありません。

国土が狭いため、英語を身に付けないと飯が食えないからです。

小説を書くにしても英語で書かなければ誰にも読んでもらえない。

つまり、英語ができるかどうかは、学力ではなくて国力に関係するのです。

フランスに英会話学校が非常に少ないのはそれが理由です。

『日米会話手帳』（小川菊松編）は、戦後初のミリオンセラーになりました。これは終戦当日に企画されたものです。つまり、明日がどうなるかわからない混乱の中で英語熱は発生した。進駐軍がやってきたからです。

現在の英会話ビジネスもB層の漠然とした不安を利用したものです。

数年前、外国旅行中の女性が「降ります！」と言っても満員のエレベーターから降りることができない、という英会話スクールのCMがありました。

普通に考えれば、これは言語能力の問題ではなく、コミュニケーション能力の欠如の問題です。

にもかかわらず、これがB層の不安を煽るCMとして成立する。

英会話ビジネスも資格ビジネスも自己啓発セミナーも構造は同じです。不安を煽り、つかの間の安心を売る。薔薇色の未来を約束し、カネを巻き上げる商売です。その原型はキリスト教だと思います。

女性誌のダイエット広告も同じ。

ブスが痩せてもモテるわけないじゃないですか。

モテない原因は他のところにあります。

それと同じで、バカが英会話を身に付けても、バカであることには変わりはない。世界に何億人もいる「英語をしゃべることができるバカ」のうちの一人になるだけです。

《国際人》など存在しない

「国際人」という言い方も変です。

一体どこの国に「国際人」が住んでいるのでしょうか？

彼らに言わせると「英会話ができないのは国際人として恥ずかしい」そうです。

昔、『ズームイン!!朝！』という番組で、ウィッキーさんなる外人が、通勤通学途中の人々にいきなり英語で話しかけるというコーナーがありました。

あの外人の母国で同じことをやったらどうなりますか？

朝の忙しい時間帯に、スリランカ人にいきなり日本語で話しかけたら殴られますよ。

海外で第一線で働く人は、通訳をつければいいだけの話で英会話能力は必要ありません。中途半端なビジネス英会話なら、誤解を招かないためにも、しゃべらないほうがいい。駅前留学で身に付けた英語をつかってきちんとした席でしゃべったら、バカだと思われます。

こちらに自信があるなら、日本語で取引をすればいい。

ドナルド・キーンでもエドワード・ジョージ・サイデンステッカー（一九二一～二〇〇七

年）でもジョン・ネイスンでも、日本文学に金脈があるからやってきたわけです。

川端康成《かわばたやすなり》（一八九九〜一九七二年）はノーベル文学賞を受賞した際、紋付羽織袴でストックホルムの授賞式へ行き、日本語で「美しい日本の私」という講演をして帰ってきた。

それで外国における川端の評価も高まりました。

川端康成
（1899〜1972年）小説家

元総理の菅直人は英語がまったくできません。

自他共に認める外交音痴で、二〇一〇年六月のサミットで各国首脳の輪に入ることができず、一人だけ離れた場所で下を向いて薄ら笑いを浮かべていました。サミットが開催されたカナダには外相の岡田克也が同行しましたが、これは異例中の異例のケースです。要するに、菅を一人で行かせるのは無理だったのです。

しかし、菅の問題は英語能力の欠如ではありません。人間として欠陥品なのです。

小泉純一郎もたいして英語はできませんが、サミットで集合写真を撮影するときには、ずうずうしく真ん中に入っていく。私は小泉は好きな政治家ではありませんが、あのずうずうしさには学ぶべきものがあります。

結局、B層は英語がツールにすぎないことを理解できない。

なぜなら、グローバリズムを信仰しているからです。

数学を悪用しない

B層は合理的にものごとを考えるのが大好きです。

だから、数字で説明されると安心します。

このB層の習性を利用して、数字をつかってモノを売る人たちがいます。

「カロリー五〇パーセントオフ（当社比）」に食いつくのもB層です。

ダイエットしたかったらカロリーは絶対値で捉えるべきです。

数字自体は事実でも見せ方を変えれば世論は誘導できる。

世論調査で、憲法改正の是非を問い、賛成派が五一パーセントだったとします。

そうすると、改憲賛成の新聞社は「過半数が賛成」と書き、改憲反対の新聞社は「約半数が反対」と書く。

そもそも世論調査は世論操作のために行われます。

数字で説明されたら、とりあえず疑ってかかるのが真っ当な態度です。

宝くじがよく当たる売り場が存在するのは事実です。

「一等がよく出る」売り場では、実際に一等がよく出ます。

なぜか？

売り場の立地がいいことと、情報に流されるバカが並んで買うからです。

統計的にはそれだけで説明がつきます。

そもそも、宝くじを買うこと自体、どぶにカネを捨てるようなものです。

胴元が五割もっていくギャンブルなんてそうはありません。トイチの闇金よりタチが悪い。「夢を買う」のが宝くじなら、「夢に流される」のがB層です。

先日、私のメールアドレスにフィッシングメールが送られてきました。

あなたは数字を適当に選んでいませんか？　そんな方法ではロト6で勝つのは難しいかもしれません。確率を高くするなんて簡単にできるものなのか。もちろん簡単ではありません。過去の当選結果全てに目を通す必要がありますし一つずつ統計を取らないといけない、とても膨大で地道な作業です。しかし、あなたは特に作業する必要はありません。私たちがすべて統計を取っているものを公開しているからです。だから、あなたはただそのデータを見るだけでいいのです。そのデータ、無料で手に入るとしたらどうしますか？　詳細はこちら。

翌日にはこんなメールが入っていました。

ロト6は研究可能な宝くじであることを知っていますか。すなわち、運よりも知識が重要な宝くじなのです。それも難しいことではありません。ロト6にはほかの宝くじにはない強みがあります。そう「自分で数字を選べる」それこそが強みなのです！　選べるということはいろいろ試せる、研究できるということ。ロト6研究も一二年目となり「規則性による数字予想」、「当選方法が高くなる購入法」などロト6理論が確固たるものとなりました。研究することにより、高確率で当選できるということが証明されたのです。
その研究、見てみたいと思いませんか？　詳しくはこちら！

小学校の算数ができれば、ロト6に規則性がないことくらいわかりますが、一〇万通くらいフィッシングメールを送れば何人かは騙されるのかもしれません。

数学も道具にすぎません。

にもかかわらず、権威付けのために無意味な引用がなされるケースが後を絶たない。

ゲーテは言います。

数学は適切な場合に利用されるかぎりにおいては、もっとも高級であり有益である。しかし、該当領域でもないところで、すぐに無意味さが露呈するようなところで使うのは感心できない。

一九九四年に、いわゆるソーカル事件が発生します。

ニューヨーク大学物理学教授のアラン・ソーカルが、数学を権威付けのためにデタラメに引用する人文評論家を批判するために、数式をちりばめた無意味な論文を書き、それを『ソーシャル・テキスト』誌に送ったら審査に通ってしまった。

ソーカルは雑誌掲載と同時に疑似論文であることを発表。その後、数理物理学者のジャン・ブリクモンと共著で『「知」の欺瞞』を発表します。そこでは、ジャック・ラカン（一九〇一～一九八一年）、ジュリア・クリステヴァ、ジャン・ボードリヤール（一九二九～二〇〇七年）、ジル・ドゥルーズ（一九二五～一九九五年）といった現代思想の有名人の衒学《げんがく》趣味が徹底的に叩かれています。面白いので読んでみてください。

保守を偽装する人々

テレビ朝日御用達の屋《や》山太《やまた》郎《ろう》という評論家がいます。

保守論客を装っていますが、頭の中には改革の二文字しか躍っていない。とにかく官僚組織が憎いので、それを解体するためにはアナーキストだろうがなんだろうが絶賛する。

その見識のなさは実証済みです。

屋山が民主党政権前夜にやったことはなにか？

屋山は阿比留瑠比《あびるるい》（『産経新聞』記者）による「屋山太郎氏に聞く『政権交代と政体交代』」というインタビューに答えています（二〇〇九年八月一二日）。

民主党が勝てば、明治以来の官僚内閣制は崩れる。その後に初めて政権交代がこれからできてくる。

（中略）

一番最初に官僚制度を変え、官僚主導体制をまず変えると。民主党流に、国会議員を一〇〇人政府に連れていくとか、国家戦略局だとか、いろんな方法はあるだろうけど、今の牢固《ろうこ》たる官僚支配体制を崩すことで、政治が主導権を持つ。それをやる人を国民が選ぶのだ。

（中略）

鳩山代表が「地域主権」と言っているのもいいと思う。

（中略）

いろいろ問題はあっても前に進むには仕方がない。私は今、これまでみてきた選挙の中で一番わくわくしている。

その一方で、屋山は自民党を口汚く罵りました。

戦後、無能な総理はたくさん出たが、麻生氏ほど無能、無知、先見性のない総理はいただろうか。最悪のゆえんは、麻生氏がまったく時局を認識していなかったことだ。

（中略）

麻生氏は「一〇〇年に一度の大不況」を口実に官僚制度を温存、意味のない景気対策で赤字国債を積み上げた。祖父はバカヤロー解散をやったが、孫はバカヤローの解散だ。

鳩山由紀夫を讃《たた》え、麻生太郎《あそうたろう》をこきおろす。

こうした寝言を言っていた老人が、性懲《しょうこ》りもなく現在橋下に接近しています（屋山太郎「橋下氏の突破力は小沢氏の対極」『産経新聞』二〇一二年二月二三日）。

本物の政治家が誕生したと私はみる。

（中略）

橋下徹氏は、二〇〇八年に大阪府知事として出発したときから着手、着眼点が正攻法だった。

（中略）

橋下氏は政治に真っ正面から切り込み、「バカ文科省」「クソ教育委員会」と若干、下品ではあるが的確な言葉で敵を討つ。例えば国の公共事業における地方分担金の問題に、「明細のない『ボッタクリバー』の勘定は払わない」との一言でケリを付けた。言葉を的確に繰り出して討論し、説得する突破力を独自に持っている政治家を、日本で見るのは初めてだ。

（中略）

橋下氏のはじけるような明るさ。

（中略）

大衆民主主義の時代にふさわしい政治家が登場したのだと思う。

「ボッタクリバー」云々は、『TVタックル』の一行コメント枠では通用するのかもしれませんが、どこが「討論し、説得する突破力」なのかさっぱり意味がわからない。

この際、はっきり言わせてもらいますが、日本がここまでおかしくなった理由は保守がバカになったからです。

ウィキペディアによると屋山は「保守主義の理論的支柱とも言えるエドマンド・バークの信奉者であり、親米保守論壇を代表する評論家の一人」とのこと。

執筆者不明なので本当かどうか知りませんが、事実なら頭が痛くなります。

エドマンド・バーク(一七二九〜一七九七年)は、「大衆民主主義」の危険性を指摘した思想家です。

著書『フランス革命についての省察』で、バークは「革新の精神は、一般に、利己的な気質と限定された視野との結果である」と言います。

私は大胆にも、この啓蒙《けいもう》の時代においてつぎのことを告白する。

(中略)

われわれが、自分たちのふるい先入見《プレジュディス》をすべてなげすてるかわりに、それをたいへん大事にしていること、さらに恥ずかしいことには、われわれは、それらが先入見であるがゆえに大事にしているということ、それらが永続し普及すればするほど、われわれはそれらを大事にすることを、私は告白する。人びとが自分自身だけの理性を元手にして生き、商売するようになることを、われわれはおそれる。

（中略）

かれらにとって、ものごとの古いしくみをこわすことは、それが古いものだというだけでじゅうぶんな理由をもつのである。新しいものについては、いそいでたてた建物の永続性にかんして、かれらはなんのおそれも持たない。

（中略）

かれらは、国家のいかなる基本構造にも、現在の便宜感以外には、いかなる愛着の原理も必要ではないと考える。

こうしたバークの思想は、「グレート・リセット」といった発想の対極にあるものです。「一からリセット」（橋下）するくらいなら、愚かな制度を維持していたほうがはるかにマシなのです。

そもそも、急進的な改革や民主主義に対し警戒を怠らないのが保守でしょう。そこには、民意を政治に直接反映させると、国が滅びるという歴史的事実に対する理解がなければならない。

ゲーテは自由主義者を装うテロリストの手法を見抜いていました。

本物の自由主義者は、自分の使いこなせる手段によって、いつもできる範囲で、良いことを実行しようとするものだ。しかし、必要悪を、力づくですぐに根絶しようとはしない。彼は、賢明な進歩を通じて、少しずつ社会の欠陥を取り除こうとする。暴力的な方法によって、同時に同量の良いことを駄目にするようなことはしない。彼は、このつねに不完全な世界においては、時と状況に恵まれて、より良いものを獲得できるまで、ある程度の善で満足するのだよ。

ところが社会全体が幼くなった結果、首相公選制や地方分権を唱え、参議院の解体を目指す野蛮な勢力が増長してしまった。

二〇一二年六月、「維新政治塾」の入塾式で、橋下は「ふわっとした民意を誘導するのも政治」と述べています。B層は熱狂したときの気分しか覚えていないということを橋下は経験的に理解しているのです。

こんなものを支持するのが保守なら、保守なんて絶滅すればいい。

ある人によると、保守派は橋下を支持すべきとのこと。その理由は、石原慎太郎東京都知事が応援しているから。学力崩壊以前に、人間が崩壊しているのです。

大学教授の学力崩壊

巷にはおかしな文章があふれています。

先日は、東工大大学院教授の橋爪大三郎《はしづめだいさぶろう》の「この国の『沈没感』を国民と共有し、打破してくれそうな期待があるから橋下徹は支持される」(『SAPIO』二〇一二年六月二七日号)という記事が目に入りました。

橋爪は言います。

独裁とは、絶対的な権力者が、独占的に法律の制定権を掌握することをいう。アドルフ・ヒトラーが独裁者になったのは、ワイマール共和国の議会が、全権委任法といって、議会の権限を無期限でヒトラーに委任するという議決をしたから。地方自治体は法律の制定権がないし、明確な憲法違反だから、どう転んでも「独裁者」が生まれる気づかいはない。

ここからして眉唾《まゆつば》です。

独裁といってもいろいろあるし、合法的に独裁に移行するケースばかりではありません。

橋爪は続けます。

国政では、一人の権力者が独占的に法律の制定権を手にしてしまう可能性がある。国民が愚かで、権力者に絶大な人気があった場合は、議会が法律の制定権をその権力者に渡してしまえば、可能となる。

しかし橋爪は、「橋下が独裁者になることはない」と言う。

橋下氏が仮に国政に打って出て、絶大な人気を得たとしても、独裁者のようになる可能性はないだろう。なぜなら彼は、弁護士だからだ。

弁護士は、「ひとの話を聞き」、「ひとの利益を考え」、それを実行するための「法律的手段を考える」のが仕事で、橋下氏もそれをやってきた。議論をせず独断で法律を定めていくのが独裁だが、ひとの話を聞くのが仕事の弁護士は、いちばんそうした独裁者になりにくい。

反論するのもばかばかしいけど、橋爪はマクシミリアン・ロベスピエール（一七五八～一七九四年）の職業を知らないらしい。「弁護士だから独裁者にはならない」というのは、事実として間違っているのみならず、人間理解として非常に幼稚です。

ロベスピエールは、代々弁護士の家系に生まれた弁護士でした。

彼は「ひとの話を聞き」、「ひとの利益を考え」、それを実行するための「法律的手段を考える」ために、弁護士から政治家に転身します。

「市民のための政治」を唱えたロベスピエールは、過去のしがらみを断ち切り、社会正義を実現させるための抜本的改革を唱えるようになる。

いわば「グレート・リセット」です。

一七八九年七月、バスティーユ襲撃を契機としてフランス革命が発生します。その後の社会の混乱に乗じて、一七九三年、ジャコバン派の領袖《りょうしゅう》となったロベスピエールは、公安委員会を掌握。そこでは、ロベスピエールの盟友ジャン＝ポール・マラー（一七四三～一七九三年）の説いた「自由の専制」が行われました。自由の名の下に自由の抑圧が行われたわけです。

マクシミリアン・ロベスピエール
（1758～1794年）政治家

反革命容疑者法が制定され、政府にとって都合の悪い人間は監視委員会に告発され、革命裁判所へ送られギロチンで処刑されていった。

ロベスピエールは暴走したのではありません。

彼らは社会正義と人権の名の下に理性的に

大量殺戮《さつりく》を行ったのです。社会正義を信じたロベスピエールは、「友情を持つ者はそのために友の誤謬《ごびゅう》にまで荷担することがあってはならぬ」（マルク・ブゥロワゾォ『ロベスピエール』）と言い、政敵だけでなく、党内の仲間まで粛清していきました。

理念をかかげれば、人間はどこまでも落ちぶれることができる。それを示したのがフランス革命という蛮行でした。

テルール（恐怖政治。テロの語源）の激化に伴い、ロベスピエールと公安委員会は穏和派の批判を受けることになりました。そこで、革命政府とテルールを正当化するために、彼は声明を出します。

徳なき恐怖は罪悪であり、恐怖なき徳は無力である。恐怖は迅速、峻厳、不屈の正義にほかならず、徳性の発現である。それは特殊原則というより、祖国緊急の必要に適用された民主主義の帰結である（小井高志編訳『ロベスピエール』）

このロベスピエールの認識は正しい。テルールは民主主義の帰結です。民主主義は、必ず全体主義と暴力主義につながる。これはイデオロギーの構造上の問題です。

実際、フランス革命の狂気は、ナチズムやコミュニズムに引き継がれていきました。
橋爪は『SAPIO』の記事で、さらに続けます。

彼はよく、論争相手に怒ってみせるが、それは選挙民に向けられたものではない。「独裁者」は、選挙民に対して怒るもの。この点からも、彼は独裁者とは正反対の体質を持っている。

（中略）

橋下氏は、それ（著者注　ギリシャで財政再建を進める立場のリーダー）と同じように、強い危機感を持っている。だから実態をわかっていない評論家があぁだこうだと言ってきたら、「実態を見ろ」と強く言いたくもなる。彼の激しい口調は、危機感のあらわれだと言えるだろう。

子供の学力崩壊どころか、大学教授の学力崩壊が始まっているのではないか？
独裁者は、通常、選挙民に甘い言葉をかけるのです。橋爪が挙げているヒトラーの事例だけを見ても、ナチスは社会的弱者に対する共感を示し、不況に苦しむ貧困層のルサンチマンを吸収することで拡大している。

わが国の言論状況が非常に心配です。

人権派が政治をダメにする

民主党には弁護士出身の議員が多い。

注目すべきは、彼らのほとんどが元人権派弁護士であることです。

現在、彼らの多くは党幹部になっています。

特に法務大臣のポストは、第二次ブント（共産主義者同盟）元活動家の千葉景子《ちばけいこ》、新左翼系セクト「フロント」出身の仙谷由人《せんごくよしと》、東大で全学ストを指揮した江田五月《えださつき》、外国人地方参政権付与を推し進める平岡秀夫《ひらおかひでお》、国立追悼施設の設置を唱える小川敏夫《おがわとしお》といった元人権派弁護士が占めてきました。

また、人権派弁護士としてテレビドラマのモデルにもなった前厚生労働大臣の細川律《ほそかわりつ》夫《お》、社会党出身の横路孝弘《よこみちたかひろ》、検察審査会に圧力をかけた辻惠《つじめぐむ》、人権擁護法案を押し通そうとする簗瀬進《やなせすすむ》や松野信夫《まつののぶお》、革マル派幹部と覚書を結んでいた枝野幸男《えだのゆきお》など、元人権派弁護士が党内で幅を利かせるようになっています。

弁護士法第一条一項には「弁護士は、基本的人権を擁護し、社会正義を実現することを使命とする」とある。

こうした能天気なことを唱えることができるのは、それが弁護士というきわめて限定された職種であるからであり、政治の世界にこうした理念を持ち込むことは許されません。

政治家は国家を社会正義から防衛しなければならない。

カール・マルクス
（1818～1883年）経済学者・哲学者

これは詭弁でも逆説でもありません。

歴史的に見れば、社会正義が国家を破壊し、人権思想が権利を侵害してきたのです。

フランス革命以降の歴史を学べば、よほどの恥知らずでない限り「人権派」などとは名乗れないはずです。

カール・マルクス（一八一八～一八八三年）がジャン＝ジャック・ルソー（一七一二～一七七八

ジャン＝ジャック・ルソー
（1712〜1778年）哲学者

年）を正しく読み解いたように、社会正義と人権思想の結合こそが、国家・社会・共同体を転覆させる起爆剤となるのです。

いつの時代においても人権派が災厄《さいやく》を引き起こしています。

政治の世界に社会正義を持ち込むことにより、テロリストは実権を握ってきました。

「社会正義は法に優先する」という発想は民主党議員の多くに共有されています。

菅直人は「法の下の平等（憲法十四条）とは、形式ではなく、実質的に弱い立場の被害者が早急に救済されるものでなくては意味がない」（『大臣』）と述べています。

これはロベスピエールの論理と同じであり、法治国家の息の根を止める発想です。

刑事訴訟法では「確定の日から六箇月以内に」死刑を執行することを定めており、「死刑の執行は、法務大臣の命令による」と明記しています。ところが民主党政権では死刑の執行数が激減し、未執行死刑囚の数が膨れ上がっている。

二〇一一年七月、法相の江田五月は、死刑執行を命じないことについて「しっかり悩みながら勉強をしている最中」「着地点とかというのを決めて勉強しているわけではございません」と職務放棄を公言しました。

次に法相になった平岡秀夫は、「国民の皆さんと一緒になって考えていくのかも含めて考えていきたい」と発言。もちろんこれは「国民の皆さん」と一緒に考える問題ではありません。

次の法相の小川敏夫にいたっては、死刑について語る中で「犯罪に対する刑罰は国民が決めることで、刑罰権は国民にある」と述べています。

バカを言ってはいけない。刑罰権は当然国家にあります。

死刑の執行を命じるのは法相の仕事です。

個人的な思想信条を法に優先させるのは全体主義の指標です。

法の軽視という点においては、死刑を執行しない民主党も、恣意《しい》的に死刑を行ったジャコバン派もなんら変わりはありません。

人権思想はテロの根源

社会全体が卑劣になっています。

二〇一一年に滋賀県大津市で発生した「中二自殺」を巡る騒動を見て、そう思わざるをえません。

ここで私が「卑劣」というのは加害者とされる少年たちのことではありません。被害届を受理しなかった警察でもなければ、いじめを見逃した担任教師や学校、市教委でもない。周囲の対応に問題があったのは誰がみても明らかであり、ここでわざわざ指摘するまでもない。

そうではなくて、加害者の少年を批判するやり方が卑劣なのです。

彼らもまた法で守られるべきです。

「お前は家族が殺されても同じことを言うのか?」という反論があるかもしれません。問題はまさにそこにある。被害者の家族でも親族でもない人間が、「いじめ＝悪」という圧倒的な正義に陶酔し、個人的な薄汚い感情を社会に垂れ流す構図が醜悪なのです。

テレビ番組ではコメンテーターや芸能人が鼻息を荒くして「関係者を絶対に許すな」

と視聴者を煽り続けていた。

こうした中、中学校や県知事に脅迫状を送りつけたり、しまいには、大津市教育委員会の教育長をハンマーで殴って殺害しようとした大学生まで現れた。

その行動の幼さ、卑劣さは、加害者の少年のそれとほとんど変わりません。こうした私刑、集団リンチに「当然の報い」「ザマアミロ」などと拍手喝采している連中も同じです。

この手の《**正義**》ほど愚劣なものはない。

社会正義はあくまでも法の下で達成されるべきものであり、社会正義が法を導くのではない。

この順番を逆にしたところにテロリズムは成立します。

ドイツ出身の政治哲学者ハンナ・アレント（一九〇六～一九七五年）は、ユダヤ人迫害から逃れるため亡命生活を余儀なくされた経験を踏まえ《**正義**》《**革命**》《**全体主義**》について鋭い考察を残しています。

彼女は社会正義と人権思想がテロリズムの温床になることを正確に見抜いていました。そして弱者に対する同情、虐《しいた》げられた者に対する憐れみが野蛮を生み出すメカニズムを明らかにします（以下アレントの引用は『革命について』）。

徳の源泉と考えられた哀れみは、残酷さそのものよりも残酷になる能力を持っていることを証明している。「哀れみのため、人間にたいする愛のため、非人間的になれ！」——パリのコミューンのあるセクションが国民公会にあてた請願書のなかからほとんど任意に抜きだしたこれらの言葉は、偶然的なものでもなくまた極端なものでもない。これは哀れみの真実の言葉である。

人間は悪のために戦うことはできません。

歴史的に見れば、国家＝法の破壊は、常に社会正義の名の下に行われてきました。正義の暴走を許せば、人間はいくらでも愚かに卑劣になることができる。そこを革命勢力は狙うわけです。

アレントは「徳でさえその限度をもたなければならぬ」というシャルル・ド・モンテスキュー（一六八九〜一七五五年）の「偉大な洞察」を引用しながら、ロベスピエールの「哀れみに支えられた徳」が、フランス革命をテロに導いた経緯を説明します。

アレントは、革命家が人間のリアリティに対して無感覚になった理由として「感傷の際限のなさ」を挙げます。

人民《ル・プープル》という言葉はフランス革命のすべてを理解するうえで基本的な言葉である。（中略）この言葉の定義そのものが同情から生まれ、不運や不幸の同義語となった。それは、ロベスピエールがよくいっていたように、「人民、私を声援する不幸な人たち」であり（中略）いつも不幸な人民であった。同じように人民を代表し、すべての正統な権力は人民に求めなければならないと確信していた人びとの人格的正統性は、ただこの同情《ス・ゼル・コンパティサン》の熱意にのみ（中略）存在することができた。

この力が解きはなたれて、すべての人がむき出しの欲求と利害だけが偽善のないものであると確信したとき、不幸な人びと《マルルー》は激怒する人びと《アンラジェ》に変わった。（中略）

しかし、彼らのさらけだした苦悩が不幸な人びとを激怒の人びとに変えたのは、革命家たちの——おそらく他のだれよりもロベスピエールの——「同情の熱意」が、この苦悩を賞賛し、さらけだされた悲惨を最良のものとして、あるいは徳の唯一の保障としてさえ歓迎しはじめ、(中略)不幸な人びととして解放しはじめたときになってからであった。

こうして革命は人民の解放ではなく、暴力、錯乱、怒りの解放に向かう。

「法は弱き人民のためにある」「市民の声を法に反映させなければならない」といった狂気の言説の中で法は破壊されていきます。

いじめの被害者に同情するのは勝手です。また、事件に義憤を覚えるのも自由です。しかし、同情や正義といったもののいかがわしさをいささかでも自覚するのが文明社会の住人の責任ではないか。

正義を口実に現行法を無視していいわけはありません。加害者の少年は法の下に裁かれるべきであり、少年法に問題があるなら、改正を目指せばいいだけの話である。同様に、私刑を行ったバカは厳正に処分すべきです。

これが法治国家の原則です。例外はありません。

今の政治家は
なぜ
ダメ
なのか?

第三章

六〇歳を超えても一〇代に見える生き方

現在巷ではアンチエイジングブームが再燃中です。

彼らはとにかく若く見られたくてたまらない。

気分も子供時代の延長のまま。頭はハゲかかっているのに、ケータイのストラップがアニメキャラクターだったり、着メロがジャニーズの嵐だったり。さらには、休日を利用して美容エステに通ったり、似合わないピアスをしてみたり……。

それで、非難されるどころか、むしろ「いつまでも子供の心を失わないこと」が尊重されるような世の中です。若さに恥じらいをもつどころか、幼さが美化される。

こうした意味において、民主党は女子高生みたいなオッサンだらけです。

政治家としての資質以前に、生物としての道を踏み外してしまったような不気味さがある。

発言が幼稚で、歳相応の責任感がない。

たとえば、鳩山由紀夫の頭の中は、かつてのコギャルやチーマーとそれほど変わらないのではないか。

これは単なる印象論ではありません。

実際鳩山は、お母さんから毎月一五〇〇万円のお小遣いをもらい、それを党内に配ることで権力を維持していました。

『五〇歳を超えても三〇代に見える生き方』というアンチエイジングの本が売れているが、彼らは六〇歳を超えても一〇代に見える生き方を貫いています。

そもそも人心が荒廃していたから民主党政権が誕生したのです。民主党があああいう集団であることは最初からわかっていたことであり、政権を握り予想通りのことをやり、予想通りの結果に終わっただけの話です。

鳩山由紀夫は首相に就任すると、「歴史を変えるのはわくわくする」「日本の歴史が変わると思うと身震いがする」と述べました。その言葉通り、身震いがするような事態が続発します。

鳩山はオモチャを与えられた幼児のように、わが国を振り回し、最後には放り投げ

鳩山由紀夫
（1947年〜）内閣総理大臣（第93代）

た。米軍普天間基地の県外移転騒動により日米関係を悪化させ、沖縄県民を二重三重に陵辱した挙句、「国民が聞く耳を持たなくなった」と責任を国民に転嫁しました。

続いて総理になった菅直人は、自著で独裁と反文明主義を賛美する狂人でした。自身の資金管理団体がパチンコ屋を経営する在日韓国人から違法献金を受けていたことが発覚するものの、東日本大震災と福島第一原子力発電所事故の対応を口実に総理の座にしがみつき、わが国を地獄の底に突き落とします。

小沢一郎は皇室に対し卑劣な嫌がらせを続けてきました。検察陰謀論にとりつかれており、議論が苦手で癇癪《かんしゃく》を起こしたらつくったものを壊すだけ。原発事故後は真っ先に逃亡を図り、最後は泥舟からも逃げ出しました。

民主党議員はこんなのばかりです。

政治家である以前に人間として根本的なところが壊れている。

消費税増税法案に端を発する民主党の分裂に関して「小沢のほうがスジが通っている」などと言い出すメディアまで現れましたが、デタラメなマニフェストを組んだのは小沢です。民主党は二〇一三年度までに一六兆八〇〇〇億円の財源を生み出すと言っていましたが、その根拠がまったくなかったことが今では明らかになっています。

こんな連中を権力の中枢に押し込んだのは有権者です。

要するに買収されたわけでしょう。

子ども手当、高速道路無料化、ガソリン税暫定税率廃止……。それとメディアに騙された。彼らは被害者顔《づら》していますが、騙されたほうも相当悪い。要するに、いかがわしいものを見抜く身体感覚が麻痺しているのです。

社会全体が幼くなっています。小泉チルドレンだの小沢チルドレンだの、本人たちが自称しているのではないにせよ、チャイルドに政治をやらせてはいけないという常識が吹っ飛んでしまっている。目を背けたくなるという点においては、民主党政権は児童ポルノに近かった。テレビ番組に出てきた素人が、ちょっと気の利いたアドリブを言おうとして失敗したときの、身の毛もよだつようなおぞましさに近いものを感じます。

菅直人
（1946年〜）内閣総理大臣（第94代）

本章ではB層に媚《こび》を売るB層政治家として小沢一郎、橋下徹、原口一博《はらぐちかずひろ》について説明します。

なぜ、この三人なのか？

それはそれぞれ別のベクトルで、現在のB層社会の病を体現しているからです。

小沢一郎の正体

小沢一郎がこれまでやってきたことはなにか？

大きく分けて三つあります。

一つ目は、左派勢力を利用して五五年体制を葬ったこと。

二つ目は、政治制度そのものを自らの目的に合わせて改変したこと。

三つ目は、ポピュリズムにより民主革命を起こそうとしたことです。

順番に説明していきます。

まず小沢はどういうタイプの政治家なのか？

小沢はわが国でも珍しい真の民主主義者です。

人前に出てきたら「民主主義」と言わずには気が済まない。

経世会的な土建政治家、金権政治家というのは小沢の本質ではなく、根本的には理念先行型の左翼だと思います。

小沢を保守政治家として見る向きもありますが、小沢には保守の要素は微塵《みじん》もありません。もっとも保守が革命を唱えるわけがありませんが。

一九九三年の細川連立政権に、小沢が社会党を誘い込んだことに驚いた人がいますが、小沢のイデオロギーのほうが、社会党より左なのです。革命思想の持ち主である小沢は、社会主義者を連立に組み込むことに躊躇《ちゅうちょ》しませんでした。

小沢一郎
（1942年〜）政治家

だから、小沢は土井たか子と憲法解釈を共有できるし、横路孝弘と安全保障について合意できる。日教組出身の輿石東《こしいしあずま》とも連合とも連帯する。

節操がないのではなくて、それが彼の本質なのです。

小沢を評して、「新自由主義路線から社会民主主義路線に転向した」という人がいます。たしかに表層だけ見ればそうかもしれません。しかし、小沢の根本は自民党時代からぶれていない。一九九三年の著書『日本改造計画』で唱えた国連中心主義、二大政党制の確立、選挙制度改革、官僚答弁の禁止、政府・与党一元化などの方針は、そのまま民主党に引き継がれました。

議員立法の原則禁止、世襲議員の禁止、公務員制度改革、住民投票法案の推進、陳情窓口の幹事長室への一元化といった政策も、小沢本人が説明するとおり「民主主義的革命を実行するためのプロセス」（民主党ＨＰ）なのです。

土井たか子と小沢の売国活動

歴史的事実として、自民党を内側から蝕み、五五年体制を崩壊させたのは小沢です。すこし歴史を振り返ります。

一九五五年、右派社会党と左派社会党が合流し日本社会党が復活、日本民主党と自由党が合流し自由民主党が誕生します。

この二党が、戦後体制をカッチリと抑えていたのが五五年体制です。

自民党は社会党の存在を口実に憲法改正や重武装戦略を先延ばしにし、経済成長路線を貫きます。一方、万年野党の社会党は、教条的な理想主義や夢物語を唱えるだけで一定層の知的弱者の票を吸収することができた。

こうした二党間の蜜月関係、利権配分システムの中で頭角を現したのが「政界のドン」と呼ばれた金丸信《かねまるしん》（一九一四〜一九九六年）であり、その子飼いの小沢です。

小沢は一九六九年に二七歳で初当選。以後、田中派に所属。一九八五年、第二次中曾根内閣第二次改造内閣で初入閣します。その後、田中角栄《たなかかくえい》（一九一八〜一九九三年）に反旗を翻した竹下登《たけしたのぼる》（一九二四〜二〇〇〇年）、金丸信らと創政会を結成、それが経世会（竹下派）につながるのはご存じのとおりです。

竹下内閣で官房副長官、海部《かいふ》内閣では金丸のゴリ押しにより四七歳の若さで幹事長に就任しました。

長年にわたり国対委員長をつとめた金丸は、社会党を通して北朝鮮と太いパイプを築き上げます。社会党が最初に訪朝団を派遣したのは一九六三年。以後、戦後処理の名目で北朝鮮にカネを流す構想が膨らんでいきます。

一九九〇年には、金丸と社会党副委員長の田辺誠《たなべまこと》が訪朝団を編成。金丸と金日成《キムイルソン》（一九一二〜一九九四年）が密談を行い、自民党、社会党、朝鮮労働党の三党による『南北朝鮮分断後四五年間についての補償』が発表されました。

要するに、北朝鮮利権のために国が売られたわけですね。その実働部隊として働いたのが小沢とその盟友である土井たか子でした。

二人は平壌《ピョンヤン》で合流、北朝鮮の式典に参加し、売国手続きの実務をこなします。

一九九二年、佐川急便事件を巡り、金丸が派閥会長を辞任し議員辞職。小沢はその後継に羽田孜を推すが敗退、改革フォーラム21（羽田・小沢派）を旗揚げし、派閥は分裂します。

一九九三年六月、宮沢内閣不信任案に羽田・小沢派が賛成し可決、宮沢内閣は衆議院を解散。

羽田・小沢派は離党し新生党を結成。

七月の衆院選で自民党は過半数割れし、宮沢内閣は総辞職します。

小沢は日本新党の細川護熙《ほそかわもりひろ》に接近、総理のポストをエサに連立に引き込みます。こうして、一九九三年八月九日、八党派連立（日本新党、日本社会党、新生党、公明党、民社党、新党さきがけ、社会民主連合、民主改革連合）の細川内閣が成立します。

これが五五年体制の崩壊です。

あれから二〇年。

「民主、民主」の大合唱と反官僚ブーム、構造改革、維新といった戯《ざ》れ言《ごと》の根本には、五五年体制の崩壊と小沢の影があります。

ポピュリズムはなぜ暴走したのか

小沢が細川連立政権をつくった際には、B層というタームこそないものの、完全にその存在が意識されています。

詳しい経緯は『ゲーテの警告』に書きましたが、小沢は民間PR会社や広告会社をつかって世論操作を行った。また、テレビ朝日を中心に反自民党のプロパガンダが茶の間に垂れ流されています（椿事件）。

こうして権力を手に入れた小沢がなにをやったか？

ここが凡百《ぼんぴゃく》の政治家と小沢が違うところです。

小沢は自らの権力基盤を固めるために、政治システムそのものに手をつけたのです。

一九九四年の政治改革法案により、衆議院の選挙制度は中選挙区から小選挙区・比例代表並立制に移行、政党助成法により国から政党に資金が配分されるようになります。

これらの法案の制定と導入に深くかかわったのが小沢です。

その目的は極めて明瞭、二大政党制の樹立と権力の一元化です。

小選挙区・比例代表並立制では、基本的に上位二政党の勝負になります。よって、政治家個人の資質以上に党首の人気やわかりやすいスローガン、社会福祉や減税の約束などが選挙の趨勢《すうせい》を握ることになる。

つまり、小沢は政治に露骨な形でポピュリズムを導入したのです。

また、政治家個人の資金調達を規制することにより、党本部が党員の財布を押さえるようになった。

簡単にいえば、党本部が選挙の趨勢とカネを握ることにより、党員の拘束が容易になったのです。

小沢はメディアによる大衆操作と、政治制度改革による権力の一元化が、革命にいたる最短の道であることを正確に見抜いていました。

ばら撒き政策も典型的なポピュリズムです。

一九九六年の衆院選で、新進党は「国民との五つの約束」を示しました。その前年まで小沢は消費税一〇パーセントへの引き上げを唱えていましたが、選挙前になると消費税三パーセントの据え置きを約束。しかも、財源に触れずに一八兆円もの所得税減税を約束します。

詐欺師、デマゴーグの手法はそう変わることはない。

後年民主党は、二〇一三年度までに一六兆八〇〇〇億円の財源を生み出すことを約束しました。そして、子ども手当、ガソリン税の暫定税率廃止、高速道路無料化などのばら撒き政策を打ち出します。

こうしたB層向けのマニフェストの矛盾は、選挙前に多くの識者から指摘されていましたが、その言葉がB層に届かないことを小沢は見抜いていました。

B層は、ばら撒き政策の財源の根拠や、民主党が隠し持っているイデオロギーにはまったく興味を示さないのです。

後日、民主党のマニフェストのほとんどが詐欺だったことが明らかになると、B層の住人は「騙された!」と憤慨するようになりました。

民主党に政権をとらせた責任は自分たちにあるのに、彼らは絶対に反省しない。テレビや新聞の報道、政治家や大学教授の言葉を丸ごと信じ、踊らされ、騙されたと憤慨した後に、再び騙されるような愚民。そして、常に自分たちに正義があり、常に自分たちが被害者だと思い込むのがB層です。

小沢主導の政治制度改革により、彼らの存在が政治に大きな影響を及ぼすようになりました。私が「ポピュリズムの拡大はシステムの問題だ」と指摘しているのはこういう意味です。

この二〇年にわたる政治改革ブームが、社会のB層化を急激に押し進めているのです。

ファミコン世代が国を滅ぼす

政治とは立ち位置を決めることであり、判断をすることであり、態度を示すことです。有権者の御用聞きになることではありません。

ましてや塾で教わるようなものではない。

松下政経塾と維新政治塾では、ベルリッツとNOVAくらい違うのかもしれませんが、これ以上素人を国政に送り込むと国が滅びます。

共同通信社の世論調査（二〇一二年六月）によると、大阪維新の会の国政進出に五割以上が期待を表明したらしい。要するに、民主党政権という災禍を経ても、日本人は反省しなかった。

鳩山由紀夫的な破壊主義と設計主義。

菅直人的な文化と歴史に対する無知。

小沢一郎的な陰謀論と「もっと勉強しろ」みたいなB層向けの恫喝ショー。

こうした民主党的腐敗の行き着いた先が、「一からリセットして日本を作り直す」といったファミコン世代の橋下徹だと思います。

橋下は文明社会の敵です。

その根底には国家解体のイデオロギーがあります。

労組と対決姿勢を示したり、保守層向けのリップサービスを怠らないので勘違いされていますが、橋下の本質はアナーキストであり、メンタリティーとしては古いタイプの左翼です。

以下、橋下信者でも理解できるように簡単に説明したいと思います。

二〇一〇年一月、公明党の年賀会で橋下は「大阪府と大阪市を壊す必要がある」「大

橋下徹
（1969年〜）大阪市長

阪の形を一回全部解体して、あるべき大阪をつくりあげる」とぶちあげました。

二〇一一年六月には「大阪都構想」を実現させるためには独裁が必要であり、「大阪市が持っている権限、力、お金をむしり取る」「権力を全部引きはがして新しい権力機構をつくる」と唱えます。

これは典型的な左翼の発想です。

徴兵制度の復活や核武装論を熱弁した後で「あれはテレビ番組で世間ウケを狙っただけ」と嘯《うそぶ》き、愛国者のふりをしながら「お国のためになんてケツの穴が痒《かゆ》くなる」と述べ、政治とは「自分の権力欲、名誉欲を達成する手段」であるとタレント時代に語ってきた橋下を、「保守」を名乗る人々が持ち上げるという間抜けな構図は、わが国の知的退廃が生み出したものです。

「教育に民意を反映させる」
「市職員は民意に従って動いてもらう」

橋下は二言目には「民意」を持ち出し反対意見を退けます。

これは、ロベスピエールやヒトラーが使ったロジックとまったく同じものです。

後ほど詳しく述べますが、ルソーの一般意志（公的な人民の意志の総体）を政治の世界に持ち込んだ革命勢力は、人民の名の下に権力を一元化することで、国家を「一回全部解体して」「新しい権力機構」をつくろうとしました。

そこでは必然的に独裁体制（立法者の支配）がとられる。

ナチスの法理論を支えたカール・シュミット（一八八八～一九八五年）が、一般意志に基づき、独裁と民主主義を同時に肯定したのはそのためです。

橋下徹というデマゴーグ

橋下はなぜ短期間に勢力を拡大したのか？

私は「無構造性」にあると考えています。

方向性を明確にしないところ、明らかに実現不可能な政策を打ち出すところ、批判されても喚《わめ》いたり恫喝したりしてごまかすところ、矛盾する意見を同時に唱えるところに橋下の強みはある。

すでに述べたように橋下はアナーキストなので、イデオロギーは飾りにすぎません。「橋下の国家主義的な側面と自由主義的な側面が一致しない」という批判もありますが、これはそうした事情によるものです。

自分の子供を知事室でサッカー選手に会わせたことを「公私混同」と批判されると、「僕の子供は一般家庭とは違う制限を受けている。個人ではなく、政治家のファミリーとして見てほしい」と述べ、その一方で、父親が暴力団員だったことや従兄弟が殺人犯であることを報じられると、「僕には子供がいる（だから配慮しろ）」と正反対の主張をする。自分に批判的な大阪市職員に対しては、「負けたときは一族郎党どうなるか。われわれが勝ったときには覚悟しとけよ」と発言しています。

「公私混同」というより文離滅裂です。

言っていることが論理的でないので、なかなか論理では批判できない。

アレントは、全体主義の特徴を「無構造性」であると喝破しました。

全体主義は、巷で誤解されているように一枚岩のイデオロギーによるものではありません。非現実的なプロパガンダにより社会不安を煽り、その中で既成の権力を解体していく大衆運動としてあらわれます。

そういう意味で、橋下は天性のデマゴーグです。

テレビ的な反射神経に優れ、B層の感情を動かす手法をよく知っている。お調子者で個別の政策には疎《うと》いので、革命勢力にとっては一番利用しやすいタイプです。

「バカ新潮」「バカ文春」「バカ学者」「オナニー新聞」「クソ教育委員会」「経済界なんてクソの役にも立たない」「鳥取県議なんて六人でいい」「浜と言う紫頭おばはん」……。

こうした幼児レベルの物言いには、知性のかけらも感じられませんが、その底の浅さはB層の「連想の質」を計算した上で演出されています。

ウォルター・リップマン
（1889〜1974年）ジャーナリスト

マッカーシズムとベトナム戦争を痛烈に批判したウォルター・リップマン（一八八九〜一九七四年）は、ジャーナリズム論の古典『世論』で次のように述べます（以下、リップマンの引用は同書）。

公共の事柄に対する意見は社会の正常な成員によるものだけではないし、また選挙、宣伝、支持者集団のためには数が力となるものであるから、注意力の質はなおさらに低下する。

（中略）

したがって、幅広い大衆への訴えは、精神的には子どもで、野蛮な人たち、生活が順調でなく困窮している人たち、生命力の使い尽くされた人たち、引きこもっているばかりの人たち、論争中の問題に含まれている要素を一つも経験のなかにとり込んだことのない人たちの間を経めぐる。

橋下および大阪維新の会をめぐる言説は、B層、不注意な人、未熟な人の間で拡大再生産されています。そしてリップマンが見抜いたとおり、そこで発生した誤解は、「偏見とこじつけ」により取り返しのつかないものになっていく。彼らの訴えは「それによってひき起こされる連想の質を計算に入れており、広くどこにもあるような感受性の持ち主に向けられている」からです。

卑劣な人間のパフォーマンス

「事業仕分け」というB層向けの政治ショーがありました。

グラドル崩れのおばさんが、次世代スーパーコンピューターの開発について「世界一になる理由はなにがあるんでしょうか?」「二位じゃダメなんでしょうか?」と歯茎を剝《む》き出し、メディアも一緒になって囃《はや》し立てた。

予算査定の権限も持たないわけのわからない人たちが、B層のルサンチマンを満足させるために公開処刑をやったわけです。

やるほうも卑劣だし、それに拍手喝采した連中も卑劣です。

橋下の公務員攻撃も同じです。

橋下は小泉純一郎に心酔しています。

小泉が政界引退を表明した際には、「小泉元首相らしいというか、感動です。小泉元首相がやったことと比べれば、僕のやったことなんて鼻くそみたい」と述べています。

たしかに橋下は小泉の「鼻くそ」のようなものです。

「抵抗勢力」を仕立て上げ対決姿勢を示すことでB層票を集める手法も同じです。

「大阪府は破産会社と同じ」とデマを流し、公務員をスケープゴートに仕立て上げ、B層のルサンチマンを吸収する。

挑発的な言動で世論に訴える「劇場型」スタイルや、「改革」「現状打破」といったキーワードをB層にぶつける手法も同じです。

労組との対決姿勢を見せながら、労組が支持母体の民主党に接近したりと、一貫性がないところも、信念がないまま靖国神社を政治利用した小泉に似ています。

要するに、橋下は「B層の扱い方」を小泉から学んだのです。

橋下の最大の特徴はその卑劣さです。

市職員の「思想調査」を行い、内部告発や密告を奨励する。

二〇一二年四月、大阪市営地下鉄駅構内で、交通局の男性助役がタバコを吸って火災報知機が作動し、電車に一分ほどの遅れが出ました。

橋下は「（自分に対する）挑戦的な行為」「過去の事例と関係なく厳罰にする」と会見で述べ、その後、懲戒免職の検討を指示します。

禁煙の場所でタバコを吸った助役に非があるのは事実です。

しかし、駅長室内の給湯室でタバコを吸ったのは勤務時間外であり、そこはかつての喫煙スペースだった。うっかりしたのか魔が差したのか知らないが、なぜこれが市長に対する挑戦になるのか？

もちろん、この程度の失態でクビにできるわけがありませんが、橋下は「司法で決着すればいい」「裁判になってもかまわない」と騒ぎ立てます。

結局、市長側の顧問弁護士が「免職は解雇権の濫用にあたる」と指摘し、助役は停職三ヵ月の懲戒処分を受けましたが、要するに例のパフォーマンスです。

大阪市民が「そんな奴はクビにしろ」と言うのはかまいません。

しかし、市のトップが率先して部下を公の場で怒鳴りつけ、生命線まで断ち切ろうとする。最近、この手の卑劣な人間が評価されるようになってきています。

オルテガは、近代社会において登場した「理由を示して相手を説得することも、自分の主張を正当化することも望まず、ただ自分の意見を断乎として強制しようとする人間」「能力をもたずして社会を指導しようと決心してしまった大衆」にファシズムの兆候を認めました。

小学校の学級会みたいなもので、微罪を摘発して吊るし上げる。

法的根拠のない人民裁判を始める。

「過去の事例と関係なく厳罰にする」ように指示する。

橋下が関与する大阪府市エネルギー戦略会議は、節電のために、照明が明るすぎるオフィスや店舗を住民が見つけて密告するための窓口の設置を目指しています。

わが国は、すでにこんなところまで来てしまっているのです。

亡国の船中八策

既存の体制に対する不満、社会的な閉塞感が強まると、「時代に風穴を開ける」ような強いリーダーが求められるようになります。こうした大衆の気分を利用して革命は引き起こされます。

「民意に従う」「民主主義の原点に戻る」といったスローガンの下、一般意志により権力が一元化されていく。この構図は、ジャコバン派、ナチス、ボルシェビキから、民主党まで酷似しています。

大阪維新の会が打ち出した「維新版・船中八策」もまた、亡国の理論に貫かれています。

特に見逃せない項目は「首相公選制の導入」「地方分権の推進」「参議院の解体」です。

こうした政策がどのようなイデオロギーの下に組み立てられているのか？

大きく捉えれば「民主化」です。

首相公選制はB層が総理を決める制度です。

橋下やそのまんま東が総理になってしまうようなシステムですね。要するに、議員内閣制の破壊です。

地方分権や道州制は、もっともわかりやすい国家解体の原理です。

これは、小泉構造改革から民主党の地域主権戦略大綱の延長線上にあるもので、この手の組織は歴史的に見て同じような行動をとります。

健全な地方自治は中央集権体制の下に成り立ちますが、地方分権思想の背後に貫かれているのは既存の権力構造を転覆させるための革命の論理です。

参議院の解体も同様です。

「参議院が機能していない」と言うなら、二院制の本義を確認するのがまともな考え方です。

しかしB層は、「衆院も参院も同じようなものなら一院にまとめればいい」「政治の停滞を招くねじれ国会を解消すべきだ」「議員数を減らせば税金の節約になる」などとメディアが流すデマゴギーをそのまま信じ込み、さらには、それがまるで自分の意見であるかのように語りだすのです。

「維新版・船中八策」については、政権入りを狙うみんなの党の江田憲司《えだけんじ》が「著作権料をもらいたいぐらいわれわれの政策と細かいところまで一緒」と述べています。

要するに、この二〇年にわたる政治の腐敗、議員の劣化、あらゆる革命思想、反文明主義、国家解体のイデオロギーを寄せ集めたものが、橋下の大衆運動を支えているのです。

B層の怨念、歪んだ歴史感覚、偏見、未熟さが直接選挙により地方首長という形で表出した。大阪維新の会の国政進出はロクな結果を生み出さないでしょう。

危険なのは既存政党が接近するときです。

一九三三年三月のナチスの全権委任法の採決では、カトリック中央党が賛成に回っている。よって、橋下に擦り寄る勢力を注視する必要があります。

過去の賢人はデマゴーグが出現したとき、どのような対応をとってきたのか？

独裁と民主主義を同時に封じ込める論理をいかにして構築してきたのか？

それを振り返ることが急務です。

平気で嘘をつく人たち

われわれ日本人は、いかにして橋下および大阪維新の会に立ち向かえばいいのか?

一番大事なことは橋下と同じ土俵に乗らないことです。

テレビで注目を浴びた橋下が一番恐れていることは、テレビの視聴者に飽きられることです。B層に見放されることです。

大衆運動は飽きられたらそこでストップするので、自転車のようにこぎ続けるしかない。それを熟知していたナチスの宣伝相ゲッベルスは、メディアを最大限に利用し、次々と新しいトピックを打ち出していきました。

橋下がやっていることは、要するにそれです。

カジノ誘致、普天間基地の県外移転受け入れ、資産課税、ベーシック・インカム、小中学生の留年、市職員に対する強制アンケート……。これはB層を大衆運動に巻き込むための餌です。

もちろんほとんど口先のデタラメです。

二〇〇七年一二月、府知事選への立候補が報道されると、橋下は「二万パーセントあり得ない」と繰り返し否定しましたが、当時すでに出馬の準備を進めていました。

つまり、橋下は平気な顔をして嘘をつくことができる人間なのです。

橋下の尊敬する昆虫はゴキブリです。

その理由は「すぐに逃げて危機感がすごい」から。

たしかに橋下は逃げ足が速い。実現不可能なトピックを打ち出し、B層を誘導した後に、タイミングを見計らってこっそりと撤回する。

二〇一二年二月、「相対評価で最低ランク（全体の五％）が二年続いた教員」を分限免職の対象とする案を教育関連条例案に盛り込むことを撤回。

同三月、市水道局の民営化を唱えるものの月末には撤回。

同四月、関西電力大飯原子力発電所三、四号機の再稼働要請を決めた政府に対し、倒閣を宣言するも後に撤回。

同五月、大飯原発の再稼働について「基本的には認めない」と発言した翌日に「事実上、容認する」と撤回。

同六月、「大阪都」構想実現のための法案が成立した場合、大阪維新の会が国政進出しない可能性に言及したものの、四日後に撤回。

「日本の電力はあり余っている」「プロパガンダには騙されてはいけない」「産業での節電など全く要らない」……このように言っておきながら、原発の再稼動が決定すると、「実際に停電になれば自家発電機のない病院などで人命リスクが生じるのが大阪の現状だ。再稼働で関西は助かった」などと正反対の発言を平気で述べる。


健忘症でなければデマゴーグです。

伝統文化を破壊する人々

橋下はタレント時代に「能や狂言が好きな人は変質者」と発言しています。

府知事時代には文楽を見て「二度目は行かない」と述べています。

二〇一二年七月二六日、国立文楽劇場で近松門左衛門《ちかまつもんざえもん》（一六五三〜一七二四年）原作の『曾根崎心中』を鑑賞した橋下は、「ラストシーンがあっさりしていて物足りない。演出不足だ。昔の脚本をかたくなに守らないといけないのか」と持論を展開しました。

文楽協会や大阪フィルハーモニー協会への補助金カット、市音楽団の廃止、中之島図書館の閉館を目指す橋下は、どこに文化的な価値を見いだしているのだろうか？

橋下の好きな音楽はオレンジレンジの「花」です。

感動した小説は『いま、会いにゆきます』。

好きな食べ物はラーメン。

応援しているスポーツ選手は亀田興毅《かめだこうき》。

一体どこの田舎の中学生か。

『週刊文春』（二〇一二年七月二六日号）によると、橋下は女房の妊娠中に不倫を繰り返していたという。不倫相手の女性は次のように語っています。


性欲は非常に強く、なんとなくSっぽいところもあったと思います。

Hしてる最中、いきなり「変態の人はね、犯罪者の心境はね、パンツかぶったりしてね。犯すんだよ」と言ったこともありました。その時、橋下さんも私のパンツをかぶりたそうな素振りを見せていましたけど（笑）。

（中略）

橋下さんはコスプレも好きでしたね。

一緒によく行ってたバリ風のラブホテルにはコスプレの貸出サービスがあったんですが、私はスチュワーデスやＯＬの格好をさせられたことがあります（笑）。

「これ着てほしいな～。次はこれ着て欲しいな～」って、次々と制服を渡すんです。

ちなみに橋下が不倫をしていた時期に出版された『まっとう勝負！』には、「浮気者を責める前に、『自分は性的魅力に欠けているんじゃないか』と考えてみる必要もあるね」とあります。

政治家としての資質と性的な趣味嗜好はもちろん別の問題です。

橋下がコスプレマニアのサディストだとしても、それを理由に政治家失格と烙印《らくいん》を押すのはおかしい。

また、不倫をモラルの面から追及する気にもなれません。誰にでも間違いはあります。

ただ、能や狂言などの伝統文化を支えてきた方々は、こんな人間にだけは「変質者」と言われたくないでしょう。

国家と歴史の破壊者に大衆が熱狂しているのが現状です。

大人は総じてバカになりました。

テレビ番組に出演した際、某政治学者から独裁者と指摘された橋下は「こんなキュートな独裁者がいますか？」と返した。

あの顔で……。

もう一つオルテガの言葉を引用したい。

過去は、われわれが何をしなければならないかは教えないが、われわれが何を避けねばならないかは教えてくれるのである。

政治利用された「A級戦犯」

一番わかりやすいB層政治家は原口一博です。

原口より無能な政治家は少なからず存在するかもしれない。しかし、原口ほど有害な政治家はそういません。なぜなら彼は、政治そのものへの信頼を破壊する存在であるからです。

原口は一九五九年佐賀県生まれ。

佐賀県立佐賀西高等学校卒業後、京都大学を受験して落ちるが、本人によると「一点差」で落ちたとのこと。どうしてそれがわかったのかは謎ですが、この人らしいモノの言い方です。

一九九三年、衆議院総選挙に無所属で出馬し落選。

その後、新生党、のちの新進党に参画。一九九六年の選挙で初当選します。

新進党解党後は「国民の声」「民政党」を経て、一九九八年に民主党へ。二〇〇〇年の選挙で落選、比例で復活します。三期目は選挙区を押さえたものの、四期目の選挙で落選、比例で復活しています。

「国民の声を聞け」が口癖の原口だが、選挙には弱い。

閣僚懇談会を途中退席してまでもバラエティー番組に出演したり、ツイッターに夢中になって参院予算委員会に遅刻したりするのも、メディアにおける露出が唯一の生命線であることを自覚しているからでしょう。

原口のあだ名は、「風見鶏」「ラグビーボール」です。

要するに、どこになびくか、どこに転ぶか見当がつかない。政界においては、その時点における強者に近づいていく。小沢一郎の周辺をうろつき、メディアに登場しては大衆にひたすら媚を売る。風向きを見ながら、大阪の橋下徹や名古屋の河村たかしにも接近しようとする。

原口が国会でやってきたことはなにか？

小泉純一郎元首相が実践した分断の政治、敵を作ることで自らのレゾンデートルを確立するというやり方は、二流の政治です。偏差値エリートは、得てして答えはひとつだと決めつけて、分断しがちになる。しかし、民主党が目指してきたのは連帯の政治です。（『週刊現代』二〇一〇年一〇月一六日号）

こう言いながら、原口は民主党の分断工作に走り出す。

政権交代の原点を見失い、既得権益にしがみつくのであれば、たとえそれが民主党であったとしても、我々の同志ではない。

（中略）

彼ら「民主党B」とは、袂を分かたなければならない。（『月刊日本』二〇一一年三月号）

二〇一一年六月には、菅内閣不信任案に対し、「私たちが野党の不信任案に一票を投じるというのは断腸の思いです。しかし一〇〇年の悔いを残さないためにはこれが今のとりうる最善の手である」と大見得を切りました。

ところが、翌日の採決の際には、「もともと野党の不信任案に乗るなんて邪道なんですね」と言って反対票を投じています。

翌日ですよ。

支離滅裂です。

だから、党内の信望もほとんどありません。

原口は「みんなで靖国神社に参拝する国会議員の会」のメンバーです。『諸君！』二〇〇五年八月号では、「国会議員として靖国神社に参拝することを止められる理由はない」と論じています。

何故、靖国神社に参拝することが、戦争を賛美したり、歴史に目をそむけたりすることになるのでしょうか？　そこに、ある種の短絡があり、政治的な意図があることを見過ごしてはならないと考えます。

（中略）

自らの歴史や風土に対する不勉強が、他国に「歴史カードとしての靖国問題」としての隙を与えているのではないかと思います。

（中略）

また毎年八月十五日には、東京にいるときは靖国神社に、地元に帰っているときは護国神社に参拝してまいりました。もちろん、今年もそうします。

ところが原口は菅内閣の閣僚になった途端に、参拝の「さ」の字も言わなくなります。

要するに、靖国神社を政治利用しただけです。B層保守向けのリップサービスです。

東京裁判についても原口は言及しています。

国内法的にA級戦犯が罪人でないのは、一九五三年に衆参両院で「戦争犯罪による受刑者の赦免に関する決議」が採択されたことからも、同年「戦傷病者戦没者遺族等援護法」が改正され、戦犯の遺族に遺族年金、弔慰金が支給されていることからも明らかです。

（中略）

国際法と正義の観点からも、東京裁判は軌道から外れていますね。

（中略）

判決の効果が、その人が処刑されて以降も続く、という考え方もおかしい。

（中略）

一部に分祀を働き掛けている人物もいるようですが、それこそ政教分離の原則に反します。（『Ｖｏｉｃｅ』二〇〇五年九月号）

調子がいいことを言いながら、原口がなにをやったか？

二〇一〇年九月、総務省内に「Ａ級戦犯」の合祀《ごうし》の有効性を検証する部門を設置しようとしたのです。「Ａ級戦犯」の存在と分祀を否定してきた張本人が、「Ａ級戦犯の合祀」を問題にし始めたわけです。

なぜか？

親分の小沢一郎が分祀《ぶんし》論をぶち上げたからです。

原口は言います。

戦争責任者を合祀して、その者をも顕彰するというのでは「靖国」の本旨に照らしても一考が必要だし、不戦の誓いと言っても戦争被害者の共感は得られないだろう。（『平和』）

舌の根も乾かないうちに正反対のことを平然と言ってのける。発言、行動のすべてがご都合主義。自分だけは常に正義の側に立っているつもりなのです。

原口曰く「状況が変われば原則を変える。状況に応じて自らの原則すら変えて、状況にたまたま対応できればそれでよしというやり方は最も危険だと思います」（同右）。

開いた口がふさがらない。

一〇〇センチの視点

原口の発言、行動は予測不可能です。

おそらく住んでいる《世界》が違うのでしょう。

それでは原口の目には《世界》はどのように映っているのでしょうか？


僕は二七歳で佐賀県議会議員になったときから「一〇〇センチの視点」という活動を続けています。一〇〇センチというのは小学一年生の目の高さ。

（中略）

教育問題などに関しても、この視点から町づくりに取り組んでいこうというものです。（『原口大臣、ツイッターは世の中を変えますか？』）

たしかに原口の視点は小学一年生程度です。

「核の抑止力を私はフィクションだと思っています」と述べる原口はマハトマ・ガンディー（一八六九～一九四八年）が好きだという。

レジスタンスとテロリストは紙一重ではないか？　石を持って戦車に戦う人たちをどうしてテロリストというのか？

（中略）

しかし、ガンジーの非暴力・不服従の活動を見て、明確な区別があることを理解した。それは暴力の有無である。圧政に暴力で立ち向かえば、圧政に暴力正当化のエネルギーを与えることになることも……。（『平和』）

レジスタンスとテロリズムを分けるのはもちろん暴力の有無ではありません。ジュネーヴ条約によりレジスタンスには正当性が認められている。原口の政治に関する無知は常軌《じょうき》を逸しています。

「私は法と正義に基づいて執行する、これが文民統制（シビリアン・コントロール）である」（同右）

もちろん違う。

文民統制とは政治家が軍隊を統制することです。

『ニーチェの警鐘』でも指摘しましたが、原口は国家主義と帝国主義の区別もついていません。

歴史に対する無知、人間に対する無知、そして幼児のような驕《おご》りが、原口という政治家をつくりあげているのです。

メディアで「次の総理は?」と訊かれると、原口は必ず「自分」と言います。胃が痛くなるような冗談です。

原口のような厚顔無恥《こうがんむち》な人間になにを言っても仕方がない。少なくとも原口に投票してきた愚民は早急に悔い改めるべきです。

悪人は悪人顔をしている

この一〇年、日本列島に内部告発ブームが吹き荒れました。これは全体主義国家のお家芸であり、スターリンは粛清とセットにして統治システムに組み込みました。密告を推奨する社会は不健全ですが、卑劣な人間がもてはやされるのが現在です。

経済産業省の元官僚は「構造改革を唱えたらパージされた」と官僚組織を罵《ののし》ります。

「窓際に追い込まれた」「左遷された」と組織に所属したまま身内の批判をする連中も増えてきた。

こんなおいしい人々を、官僚の弱みを握りたい政治家やメディアが放っておくはずがありません。「先生、先生」と持ち上げるので、卑劣な人間がますます増長するようになった。

内部告発がすべて悪いと言っているのではありません。

二〇一〇年九月の尖閣諸島沖中国漁船衝突事件のように、政府が明らかな不正を行った場合、国益のために動かなければならないこともある。

問題は彼らに仲間を売ったことに対する恥じらいがないことです。

厚生労働省の医系技官とかいうおばさんが、テレビの政治バラエティー番組に登場し、単純な官僚悪玉論を開陳する。他の出演者が「そんなこと言って大丈夫ですか?」「省内に居づらくなりますよ」などとおだてあげると、悲劇のヒロインになってしまう。興奮して声が裏返り、モニターをチェックしながら圧倒的な「どや顔」。発言の内容はともかく、ニワトリみたいな顔に卑劣さがにじみ出ています。

二〇〇五年、外務省の内幕を暴露した元官僚の本がベストセラーになりました。面白い本でしたが、その後「内部告発をしてくれる官僚なら誰でもいい」という風潮がメディアに蔓延《はびこ》りました。

メディアはこの二〇年にわたり、「脱藩官僚」などと呼ばれる逃亡兵の言うことを検証抜きでお茶の間に垂れ流し、B層向けの反官僚ブームを煽ってきた。

こうした中、卑劣な政治家が浮上します。

たとえば原口一博の顔を思い浮かべてほしい。

あんなクレヨンで描いたような顔が信用できるわけないでしょう。

同じ町内に住んでいたら誰もが警戒する顔です。

「顔はとりかえることができない。生来のものを理由に批判するなんて無茶苦茶だ」

一見、もっともな反論です。しかし、本当にそうでしょうか?

先述したように原口の発言は支離滅裂です。

レオナルド・ダ・ヴィンチ
（1452〜1519年）芸術家・科学者

前日と正反対の意見を平気な顔で述べる。そのメンタリティーがあの顔をつくっているのです。

卑劣な人間は卑劣な顔をしているし、悪人は悪人顔《づら》をしている。ヒポクラテス（前四六〇頃～前三七五年頃）もプラトン（前四二七～前三四七年）もレオナルド・ダ・ヴィンチ（一四五二～一五一九年）もゲーテも、顔と内面の関係について興味を持っていました。

観相学とは、顔だちや表情から、性格、気質、才能を判定しようとする学問であり、二〇世紀に入ってから心理学の分野で体系化されます。

顔で人格を判断できるのは、人類が歴史的に身に付けてきた身体感覚に由来します。その前提が了解されているからこそ、少年マンガに登場する悪役は悪そうな顔をしている。不思議ですが、これが人間社会の真実です。

今の世の中では、経験的な知より「政治家を顔で選ぶのは間違っている。政策で選ぶべきだ」といった小理屈が優先します。しかし、民主党の例でもわかるとおり、政策など大衆受けすることしか書いていない。むしろ、政策だけで政治家を選ぶほうが危険です。

政治家にとって顔ほど大事なものはありません。

人相をチェックするのは、選挙の重要な要素です。

伊藤博文《いとうひろぶみ》（一八四一～一九〇九年）も大隈重信《おおくましげのぶ》（一八三八～一九二二年）も山縣有朋《やまがたありとも》（一八三八～一九二二年）も政治家の顔をしていました。かつて小沢が守旧派（これは中国人の言葉遣いですが）と斬り捨てた小渕恵三《おぶちけいぞう》（一九三七～二〇〇〇年）、梶山静六《かじやませいろく》（一九二六～二〇〇〇年）、佐藤孝行（一九二八～二〇一一年）も政治家の顔を残していた。それに較べて、輿石東から仙谷由人、菅直人にいたるまで民主党にいるのは横縞《よこじま》の囚人服が似合うような人々です。

たとえばブスは「生殖の対象にしてはいけない」という本能から導かれるカテゴリーです。こうした危機を察知する動物的な勘、本能、身体感覚は、理性偏重の世の中で失われていく。

しかし、花を見れば無条件で美しいと思う、ブスを見れば嫌だなと思う、原口を見れば投票しない、それが本当の人の心です。

伊藤博文
（1841～1909年）
内閣総理大臣（初代・5・7・10代）

素人は口を出すな!

第四章

国民は成熟しない

B層を誘導する勢力は「官僚は国益よりも省益を追求する」「政治家は利権に縛られている」「学者は象牙の塔に閉じこもっている」と言います。だから、最終的な判断を国民に委ねるべきだと。いつの時代でもデマゴーグの手法は同じです。難しい顔をして「大衆から離れた場所に思想は存在しない」などと言い出してみたり。でも、歴史を振り返れば、大衆から離れた場所にしか思想は存在しなかったわけです。

人間はたいていバカですが、それでも知を尊重し、知的であろうと努力することにより人間性を維持してきました。ところが、近代大衆社会において、政治はプロフェッショナルによる知的な活動であるという前提が破壊されてしまった。仕舞いには、民主党が政権をとり、反文明主義を讃える総理大臣が誕生してしまいました。

これは国際社会の一員として許されることではありません。

愚民とデマゴーグを政治から排除すること、真っ当な身体感覚を取り戻すこと、反知性主義を克服すること。これをやらないと国は滅びます。

「政治家は知識がなくてもいい」という人がいます。

「官僚や外部の専門家をつかいこなせばいい」「あらゆる情報を個人で扱うのは不可能だ。政治家は多様な意見を聞いて、最終的な判断を下せばいい」と。

本当にそうでしょうか？

たしかにあらゆる情報を手に入れるのは不可能ですが、それでも政治家には最低限の学力が必要です。判断したり、議論したりするためには前提となる教養が必要になります。

乗数効果も知らないチンピラが財務大臣をやったり、イラクの場所も知らないおばさんたちが国会に乗り込んだりするのはやはり危険です。

だいたい政治家になろうなんて思う人は、よほどしっかりした人か、そうでなければお調子者です。変な人に被選挙権を与えない方法をまじめに考えるべきです。

わが国は民主主義ではなくて、議会主義の国です。

よって失政の責任は、国民ではなくて、プロとしての政治家にあります。

選挙が終わると必ず同じような言葉があふれます。

「健全なデモクラシーは、それを支える国民にかかっている」「有権者はもっと成熟しなければならない」

こうした言葉はなんの意味も持ちません。

国民の成熟が必要なら、一体いつまで待てばいいのでしょうか？　啓蒙活動を続ければ、そのうち、B層が悔い改めてきちんとした選択をするようになるのでしょうか？

これは根拠のない未来信仰、責任逃れのロジックにすぎません。現在の問題は現在において処理すべきです。

そもそも成熟しないから、悔い改めないからB層なのです。

間違った選択をしても、責任転嫁の上、自己正当化します。

民主党を権力の中枢に押し込んだ人々は、「当時は他の選択肢がなかった」「自民党にお灸を据えた」「二大政党制の実現のためだった」などと理由をつけます。彼らは絶対に反省しません。

誰も参加したがる時代

裁判員制度は文明を否定する制度です。

法務省は「裁判員制度が始まると、司法はもっと身近になります」「国民のみなさんが裁判に参加することによって、国民のみなさんの視点、感覚が、裁判の内容に反映されることになります」とホームページで述べています。

これは司法の民主化であり、法概念の混乱としか思えません。

司法に民意を導入してはならない理由は、法の根本に正統性の問題があるからです。移ろいやすい民意を組み込めば「法の下の平等」「先例拘束の原則」が成り立たなくなる。

だからこそ司法は、プロ、専門家、職人が扱わなければならない。

ニーチェが指摘したように、法は「厳重に篩《ふるい》にかけられた巨大な経験」（『反キリスト者』）によって証明されます。

国家制度は「すなわち、伝統への、権威への、向こう数千年間の責任への、未来にも過去にも無限にわたる世代連鎖の連帯性への意志がなければならないのである」（『偶像の黄昏』）。

裁判に「民意」を反映させることは歴史を破壊するということです。

近代に脳幹まで侵された人々が「開かれた裁判」「開かれた行政」「開かれた皇室」な

ど言い始めていますが、アジの干物じゃあるまいし、なんでもかんでも開けばいいというものではありません。

開いていいものは言論だけです。

軍隊も開いてはいけません。

先日、共産党系の大学教授が「民主主義がないがしろにされている。このままいくと徴兵制が敷かれる」と言っていました。

こういう人は放っておくに限るのですが、もちろん逆です。民主主義を尊重すると徴兵制になるのです。

だから私は徴兵制に反対です。

徴兵制復活論者のある儒学者が『産経新聞』のコラムでバカなことを書いてました。

国立大学男女新入生（私学も希望者参加）は、まずは国防の大切さを実感するために、自衛隊において、将校でなく一兵卒として諸訓練を受けよ。そして受験勉強で柔《やわ》になった身体や世間知らずの小理屈を敲《たた》き直せ。

（中略）

半年後、研修旅行として自衛艦に乗り、北方四島・尖閣諸島・竹島・硫黄島等々を回遊することだ。

わが国の軍隊に対してあまりにも失礼です。軍隊はお子様の教育機関ではありません。素人に軍隊ゴッコをさせるよりも、プロフェッショナルである軍人を尊重するような教育をすべきです。「世間知らずの小理屈」を述べているのは一体どちらなのでしょうか？

司法、立法、行政すべてにおいて大事なことは、専門家、プロ、職人の技術を尊重することです。そして、お互いの領域を侵食しないことです。

素人を国家運営に関わらせないこと。これを早急にやらなければならない。

近代的理想論を能天気に唱えていれば飯が食えた時代はもう終わったのです。

政治家がやるべきことは、民主主義や全体主義から国家・社会・共同体を守ることです。

法律を扱うのは法律家であるべきだし、歴史を扱うのは歴史家であるべきです。同様に、政治を扱うのは政治のプロでなければならない。B層社会はこうした「当たり前のこと」を許容しません。

そして、あらゆるプロ、職人の領域に、《**素人の意見**》を押し付けようとする。

そろそろ目を覚ますべきでしょう。

今求められているのは理念を語る革命家でも閉塞感を打ち破る新しいリーダーでもありません。それは、過去と未来に責任を持つ人間、正気を保っているプロ、職人です。

小沢一郎の三権分立論

大正末期、昭和のはじめの東京に「説教強盗」が出没したらしい。

有名なのは、強盗六五件、窃盗二九件の妻木《つまき》松吉《まつきち》（一九〇一～一九八九年）です。

押し入った先々で、住人に対し「戸締まりがいいかげんだ」「こんなに暗いと強盗に入られやすい」「泥棒よけに犬を飼え」などと説教をしたという。

漫画のような話だと思っていましたが、動く「説教強盗」を見たことがあります。

二〇一一年一〇月六日、「陸山会事件」で強制起訴された小沢が、公判後の会見で「国会の証人喚問に応じるか？」と質問した記者を恫喝《どうかつ》したのです。

「あんたは。あんたの見解は？」

「三権分立を君はどう考えているの？」

「もっと勉強してから質問してよ！」

小沢が記者を恫喝するのはいつものことですが、三権分立を理由に証人喚問を拒否するのは無理があります。国会には国政調査権がありますし、三権分立が機能しているなら、司法府と立法府は独立で判断を下すのでなにも問題はない。そもそも、三権分立という制度を解体しようとしてきたのは、小沢なのです。

シャルル・ド・モンテスキュー
（1689〜1755年）哲学者

三権分立（立法権、行政権、司法権が互いに抑制均衡する仕組み）は、民主主義を封じ込めるために築かれてきた制度です。民意が反映されるのは三権の中の立法府だけであり、その民意も選挙制度により、制限が設定されている。

モンテスキューは、『法の精神』において、司法と立法、行政の独立こそが政治的自由を確保するための条件であると説きました。権力を分散・均衡させなければ、民意を背景にした議会の暴走、および恣意的な法の解釈が横行するようになる。

だからこそ、民主主義＝全体主義勢力は、必然的にこれらのセーフティネットを攻撃するのです。

小沢は「議会制民主主義においては、内閣と党は一体だ」と言います。「政治主導」により、「行政改革」や「脱官僚」を行うためには、党の意向を行政府に直接反映させる体制をつくらなければならないというわけです。

政府・与党一元化、陳情窓口の幹事長室への一元化といった小沢の政策の目的も、三権分立の破壊と権力の集中にあります。

小沢は同日の公判で検察陰謀論を唱えます。

〰〰〰〰〰〰〰

この捜査はまさに、検察という国家権力機関が、政治家・小沢一郎個人を標的に行ったものとしか考えようがありません。私を政治的・社会的に抹殺するのが目的だったと推認できます（後略）。

本件の捜査段階における検察の対応は、主権者である国民からのなんの負託も受けていない一捜査機関が、特定の意図により国家権力を濫用し、議会制民主政治を踏みにじったという意味において、日本憲政史上の一大汚点として後世に残るものであります。

こうした発言から小沢の本音が見えてきます。

つまり、「国民からのなんの負託も受けていない」検察は、「国民の負託を受けている」政治家に口を出すなということです。

その一方で、民主党は検察に圧力をかけ続けてきました。

法務大臣の指揮権についてたびたび言及したり、検察審査会の事務局担当者を議員会館に呼びつけようとしたり。小沢系議員たちは、公然と検察に対する政治介入を唱えていました。

幹事長の輿石東は、公判前日に、「小沢は無罪だ」とテレビで発言。これこそ、権力の濫用ではないか。

「三権分立を君はどう考えているの?」と小沢に訊いてみたい。

全体主義のロジック

先述したように、小沢は真の民主主義者です。

小沢は二言目には「英国流議会制民主主義」と言いますが、どう見てもフランス流です。つまり、ルソーの一般意志に近い。国家全体の中に（公的な）総体としての意志があり、そこに全権を委譲するという発想です。小沢はことあるごとに「国民の声」で選ばれた自分たちの意見は、行政府の方針に優先すると述べています。

歴史的に見て、全体主義政党は同じ道を辿《たど》ります。

彼らは社会不安に乗じてデマを流し、大衆のルサンチマンに火をつけることで権力を収奪します。国民に薔薇色の未来を約束し、愚民の権力を集中させることにより、革命を引き起こすわけです。

フランス革命の混乱に乗じて権力を握ったジャコバン党は、行政府と立法府の一元化を行い、独裁体制を築き上げました。

ナチスは不況に対する国民の不満を回収することで権力を収奪、全権委任法により党に権力を一元化します。ヨシフ・スターリン（一八七九〜一九五三年）や毛沢東（一八九三〜一九七六年）、ポル・ポト（一九二五～一九九八年）がやったことも、そう変わりはない。

権力を独占した後に彼らはなにをやるのか？

人民の名において伝統、国家を破壊します。

三権分立、二院制など各種セーフティネットの解体を行い、次に国家の象徴を引き摺《ず》り下ろす。

その急先鋒が橋下徹ですね。文化施設や伝統芸能に総攻撃を仕掛けました。

ここで民主主義＝全体主義の論拠となる一般意志について簡単に説明しておきます。

社会に対して深い憎しみを抱いていたルソーの妄想を政治の世界に持ち込んだのがロベスピエールでした。

アレントは言います。

ヨシフ・スターリン
（1879～1953年）政治家

このリアリティにたいする無感覚は、すでにルソーその人の行動、その現実離れした無責任さと信頼性のなさに、きわめてはっきりと現れているけれども、ロベスピエールがそれを革命の分派闘争のなかに持ち込んだとき、はじめて重要な政治的要因となったのである。

アレントは「世界を火のなかに投じたのはフランス革命だった」と言います。そして、一般意志が全体主義につながる仕組みについて簡潔に説明します。

もっとも重要な点は、慎重な選択や意見にたいする配慮に重点を置く「同意《コンセント》」という言葉自体が、意見交換のあらゆる過程と最終的な意見の一致を本質的に排除する「意志《ウィル》」という言葉に置き換えられたということである。意志は、もしそれが機能するとすれば、実際一つでなければならないし、不可分でなければならない。

先に引用した革命史家のマルク・ブゥロワゾォはこう述べます。

主権を支配する理性が分割できないのと同様に、主権そのものも分割され得ない。《個別意志《ヴォロンテ・パルティキュリエール》がバラバラな各個人を支配するのに対して、一般意志《ヴォロンテ・ジェネラール》が社会を支配する》。この一般意志という概念はすべての個別割拠主義《パルティキュラリスム》を排撃する。

（中略）

立法・行政・司法の三権というのは主権の構成要素にすぎず、そのうち立法権が最も重要な意味を持つ。（『ロベスピエール』）

要するに、権力の一元化が地獄を生み出すという話です。フランス革命は文明社会と人類の歴史に対する決起だった。

以上が、全体主義のロジックです。

民主主義はキリスト教カルト

人類の知の歴史、およびまともな哲学者、思想家、政治学者が明らかにしてきたことは、民主主義の本質は反知性主義であり、民意を利用する政治家を除去しない限り、文明社会は崩壊するという事実です。

だからこそ、民主主義はアナーキズムと同様、狂気のイデオロギーとして分類されてきたのです。

諸学の父・アリストテレス（前三八四〜前三二二年）は、著書『政治学』において民意を最優先させた場合の民主政を、僭主政《せんしゅ》（正当な手続きを経ずに君主の座についた者による政治）に近い最悪のものと規定しました。

フランス革命やナチスの蛮行を例に出すまでもなく、民主主義は議会の否定と独裁につながります。

民主主義の前提には「一人一人が完全に平等である」というイデオロギーがあります。

ニーチェは民主主義の正体を見抜いていました。

いま一つ別の、これにおとらず気のふれた概念が、現代精神の血肉のうちへとはるかに深く遺伝された。それは、「神のまえでの霊魂の平等」という概念である。この概念のうちには平等権のあらゆる理論の原型があたえられている。人類はこの平等の原理をまず宗教的語調で口ごもることを教えられたが、のちには人類のために道徳がこの原理からでっちあげられた。（『権力への意志』）

民主主義はキリスト教カルトです。その根底にある平等主義は、絶対存在である《神》を想定しないと出てこない発想です。このキリスト教を近代イデオロギーに組み込んだのがルソーだとニーチェは言います。

フランス革命によるキリスト教の継続。その誘惑者はルソーである。（同右）

私が憎悪するのは、そのルソー的道徳性である——この道徳性がいまなおそれで影響をおよぼし、一切の浅薄な凡庸なものを説得して味方にしている革命のいわゆる「真理」である。（『偶像の黄昏』）

フランス革命はキリスト教を否定することによりキリスト教を引き継ぎました。

少しわかりづらいかもしれないが、これは伝統的なトリックです。

パウロ（不明〜六五年頃）はイエス（前七年頃〜三〇年頃）の教えを除去することによりキリスト教を打ち立てた。マルティン・ルター（一四八三〜一五四六年）は教会を攻撃することによりキリスト教を原理主義化した。ルソーは教会を否定することにより、そのもっとも劣悪な本能を近代イデオロギーに組み込んだわけです。

そこでは依然として僧侶階級＝神の権威を利用する勢力が権力を握ることになる。

ニーチェはそこを指摘したのです。

彼（ルソー）は、社会と文明とに呪詛《じゅそ》を投げつけうるために、神を必要としたのである。

（中略）

自然人としての「善人」とは一つのまったくの空想であったが、神がそれをつくったというドグマでもって何か本物らしい根拠のあるものとなった。（『権力への意志』）

要するに、神の再利用です。

ルソーが唱えた「市民宗教」に影響されたロベスピエールは、一七九四年六月八日、「最高存在の祭典」という狂気のイベントを開催し、テルール（恐怖政治）を道徳的に正当化しました。アレントの分析は鋭い。

かくて、彼（ロベスピエール）の述べる諸原理はドグマとしての価値を与えられ、その諸原理を遵守させるために彼が遂行する戦いは聖戦となる。聖戦の目的でありかつ革命がそのために行われているところの人民は、神聖な性格を賦与される。

理論的にいえば、フランス革命で人民が神格化されたのは、法と権力をともに同じ源泉に求めようとしたため起った不可避の帰結であった。絶対君主は「神授の権利」にもとづくという主張は、世俗的支配を全能でもあり宇宙の立法者でもある神のイメージで説明し、その意志が法である神のイメージで解釈したものであった。ルソーやロベスピエールの「一般意志」もなお、法を生むの

〜にただ意志するだけでよいところの、この神的な意志なのである。

本書でもくりかえし述べてきましたが、法と権力を同じ源泉に求めてはいけないのです。権力の集中はロクな結果を生みだしません。

以上で民主主義についての説明を終わります。

現在わが国では「民主化」が進行中です。

要するに宗教化が進んでいる。

ゲーテは民主主義を病気の一種と考えていました。

しかし、近代二〇〇年において、この疾病は急拡大し、B層社会を生み出しています。

重要なことは、まず民主主義を廃棄すること。

そして、自由な言論の場である議会を民主化を推進する勢力から守りぬくことです。

それが文明社会の住人の責任です。

「民意は悪魔の声である」

二〇一二年六月、消費税増税法案をめぐり民主党が分裂しました。衆院の採決では七三人が造反。

社会保障と税の一体改革を目指す野田総理は窮地に追い込まれます。

こうした中、「国民の皆さんが納得しない」「増税は民意に背く」などと言い出す議員まで現れましたが、愚の骨頂です。そもそも、政治家は政策決定において、安易に民意に従ってはならないのです。

政治家は有権者の御用聞きではありません。

政治家がやるべき仕事はただ一つ。議会で議論することです。移ろいやすい民意、熱しやすい世論から距離を置き、過去と未来に責任を持ち、冷静な判断を下すことです。

わが国の将来にプラスになるなら増税すべきだし、マイナスになるなら阻止すべきです。

その際、民意は関係ありません。

「民意に従う」「国民の判断を仰ぐ」ことが正しいなら、すぐにでも議会を解体して、すべての案件を直接投票（民主主義）で決めればいい。現在では技術的にそれは可能です。

しかし同時にそれは、政治の自殺を意味します。

直接投票で物事が決まるなら知性も議会も必要なくなります。

もし「民意に従う」のが正しい選択なら、中国共産党は反日教育によって醸成された世論に従い、日本に核ミサイルを数発撃ち込んでいないとおかしい。

政治学者ウォルター・バジョット（一八二六〜一八七七年）は、「民意は悪魔の声である」と喝破《かっぱ》しました。

リップマンは民意の危険性について次のように分析しています。

なぜなら、あらゆる種類の複雑な問題について一般公衆に訴えるという行為は、知る機会をもったことのない大多数の人たちをまきこむことによって、知っている人たちからの批判をかわしたいという気持から出ているからである。このような状況下で下される判断は、誰がもっとも大きな声をしているか、あるいはもっともうっとりするような声をしているか（中略）によって決まる。

二〇〇五年八月、郵政民営化関連法案が参議院で否決されます。

首相の小泉純一郎は激怒し「国会は郵政民営化は必要ないという判断を下した」「郵

政民営化に賛成してくれるのか、反対するのか、これをはっきりと国民の皆様に問いたい」と言い衆議院を解散します。

これは憲政史上類例を見ない暴挙であり、わが国の議会主義が死んだ瞬間です。職業政治家の集団である参議院の判断を無視し、素人の意見を重視したのですから。

この二〇年にわたるメディアの《**民意礼賛**》がおかしな政治家を生み出しています。小泉自民党、民主党、橋下大阪維新の会などの狂態は、B層が生み出したものです。

歴史的に見て、デマゴーグは常に民意を利用します。

リップマンが指摘したように、ステレオタイプ化した世論、メディアが恣意的につくりあげた民意は、未熟な人々の間で拡大再生産されていく。政治家の役割は、民意の暴走から国家・社会・共同体を守ることです。

おわりに

新しいものはたいてい「嘘」

世の中ウソばかりです。

デタラメな人々が、社会の第一線でデタラメなことを言っています。

B層は繰り返しその言葉に騙されます。

今、やらなければならないことはなにか？

それは先人の言葉を振り返ることです。

使い古された言葉を、愚直に何度も繰り返すことです。

危機に直面したら、先人に問うこと。

歴史はつねに同じことが繰り返されているからです。

私が今やっている仕事はこれです。

ゲーテやニーチェといった過去の賢者の言葉をわかりやすく紹介する。

「適菜収の言っていることはまったくオリジナリティがない」と言う人もいますが、そもそも私はオリジナリティがあることを書こうなどとは露《つゆ》ほども思っていません。

文章の見せ方には工夫をしますが、内容は過去の賢者のパクリです。

ゲーテはすべては影響の連鎖のうちにあると言います。

数千年このかたじつに多くの偉人たちが生活し、いろいろと思索してきたのだから、いまさら新しいことなどそうざらに見つかるわけもない。

先祖から相続したものをわがものにするためには、改めて獲得せよ。利用しないものは重荷だ。その時々につくったものでなければ、その時々の役に立たない。

「オリジナリティ」なんて近代に発生したタチの悪い幻想にすぎません。われわれは先人の遺産を改めて獲得し、時代に合わせてつくりかえ、それを身につけなければならない。

大事なことは「新しく」見えるものを警戒することです。旧態依然としたデマゴーグが、新しい衣装を身にまとい、維新だの革命だのと騒いでいるのが現在のB層社会です。

小手先の「改革」は病状を深めるだけです。安易な「解決策」に流されるのではなく、長期的視野に立ち、抵抗を続けること。本書ではそのための処方箋をいくつか示すことができたと思います。

なお、本文の一部に『産経新聞』『週刊新潮』『新潮45』『正論』で発表した文章を加筆修正したうえで組み込んでおります。また、敬称は省略させていただきました。

適菜　収

参考文献

『ゲーテとの対話』エッカーマン／山下肇訳（岩波文庫）
『ヴィルヘルム・マイスターの遍歴時代』ゲーテ／山崎章甫訳（岩波文庫）
『大衆の反逆』オルテガ・イ・ガセット／神吉敬三訳（ちくま学芸文庫）
『社会契約論』J・J・ルソー／桑原武夫、前川貞次郎訳（岩波文庫）
『革命について』H・アレント／志水速雄訳（ちくま学芸文庫）
『全体主義の起原』H・アレント／大久保和郎、大島かおり訳（みすず書房）
『ゲーテの警告　日本を滅ぼす「B層」の正体』適菜収（講談社＋α新書）
『ニーチェの警鐘　日本を蝕む「B層」の害毒』適菜収（講談社＋α新書）
『ロベスピエール』マルク・ブゥロワゾォ／遅塚忠躬訳（文庫クセジュ）
『学問のすゝめ』福沢諭吉（岩波文庫）
『世論』W・リップマン／掛川トミ子訳（岩波文庫）
『モオツァルト・無常という事』小林秀雄（新潮文庫）
『「知」の欺瞞 ―― ポストモダン思想における科学の濫用 ――』
アラン・ソーカル、ジャン・ブリクモン／田崎晴明、大野克嗣、堀茂樹訳（岩波書店）

『フランス革命についての省察ほか』バーク／水田洋、水田珠枝訳（中公クラシックス）
『法の精神』モンテスキュー／野田良之他訳（岩波文庫）
『イギリス憲政論』バジョット／小松春雄訳（中公クラシックス）
『政治学』アリストテレス／山本光雄訳（岩波文庫）
『ニーチェ全集』（ちくま学芸文庫）
《悦ばしき知識／信太正三訳》
《善悪の彼岸　道徳の系譜／信太正三訳》
《権力への意志　上・下／原佑訳》
《偶像の黄昏　反キリスト者／原佑訳》
《生成の無垢　上・下／原佑、吉沢伝三郎訳》

2005

6月29日

「郵政民営化に関する特別委員会」で、共産党の佐々木憲昭《ささきけんしょう》議員が竹中平蔵《たけなかへいぞう》内閣府特命担当大臣に問いただす形で「郵政民営化を進めるための企画書」の存在が明らかになりました。

7月5日

郵政民営化関連法案が衆議院でわずか5票差で成立するが、翌月8日、参議院で否決。自民党は党議拘束をかけましたが、両院において、民営化に反対する議員が続出。小泉は「国民の信を問う」と衆議院を解散します。

9月11日

第44回衆議院議員総選挙投票日。自由民主党が296議席という記録的な圧勝。民主党は議席を大幅に失い、岡田克也代表が辞任。郵政民営化反対派は33人中16人が敗北。投票率は67パーセント超と前回を大幅に上回った。

9月17日

民主党代表選で、「脱労組」を掲げる前原誠《まえはらせい》司《じ》が、元代表菅直人を2票差で破り、代表に選ばれる。

9月21日

小泉純一郎が第89代内閣総理大臣に指名された。同日第3次小泉内閣が発足。

10月1日

日本道路公団、首都高速道路公団、阪神高速道路公団及び本州四国連絡橋公団の道路関係4公団が民営化されました。

土交通省の発表により発覚。マンション・ホテル12棟については震度5以上で倒壊の危険性があることが判明しました。

12月22日

厚生労働省が2005年の人口動態統計の年間推計を発表、日本の人口が1899年の統計開始以来初の自然減となったことが判明。

2006

1月23日

日本郵政株式会社が発足しました。

ライブドアの堀江《ほりえ》貴文《たかふみ》社長と取締役ら3人が、証券取引法違反容疑で逮捕される。

10月14日

郵政民営化関連法案が成立。

10月21日

先の通常国会で郵政民営化関連法案採決に反対票を投じ新党を結成した綿貫民輔《わたぬきたみすけ》ら9人に対し、自民党の党紀委員会が除名処分に。さらに28日には、特別国会で同法案採決を欠席した野《の》呂《ろ》田《た》芳成《ほうせい》衆院議員を除名します。

10月26日

米軍普天間飛行場の移設問題で、名護市の辺野古崎にある米軍キャンプ・シュワブ兵舎地区に建設することで、日米両国が基本合意。

11月17日

耐震強度偽装事件が発覚。姉歯建築設計事務所による構造計算書の偽造が21件あることが国

2月16日

民主党の永田寿康《ながたひさやす》議員が、「ライブドアの堀江貴文社長が武部勤《たけべつとむ》 自民党幹事長の次男に対し、選挙コンサルティング費用として3000万円の振り込みを指示した」とするメールが存在すると主張。その信憑性が疑われると、「最大限守ってあげたい」「どのようにして、その先入観を打ち破る事を示したらいいのか。本当に悩ましい」「この一方的な攻撃。この風景」「言論封殺」「もっとも恥ずべき行為」などの名言を残しつつ、結局「メールは誤りであった」と謝罪。

2月28日

民主党が堀江メールは偽メールであると発表。国会で証言した永田寿康議員は6ヵ月の党員資格停止処分。

3月2日

衆議院本会議が永田寿康民主党議員への懲罰動議を採択。同議員を懲罰委員会に付託することを全会一致で可決。

3月31日
堀江メール問題で、前原誠司代表および執行部が総退陣。永田寿康は議員辞職。

4月7日
民主党新代表に、小沢一郎が就任。

5月29日
社会保険庁による調査で、国民年金保険料の納付を本人の申請なしに無断で免除または猶予する不正が、全国26都府県で11万3975件に上っていることが判明します。

6月5日
村上ファンドのインサイダー取引問題で、村《むら》

9月12日
民主党代表に小沢一郎が無投票再選。

9月15日
オウム真理教元代表・麻原彰晃こと松本智津夫《まつもとちづお》の特別控告が棄却され、死刑判決が確定。
竹中平蔵総務相が、参議院議員辞職を表明。女子プロレスラー神取忍《かんどりしのぶ》が繰り上げ当選へ。

9月20日
自由民主党総裁選挙。安倍晋三が、新総裁に選出される。

9月25日
自民党三役が決定。幹事長は中川秀直《なかがわひでなお》、政務調査会長は中川昭一《なかがわしょういち》、総務会長は丹羽雄哉《にわゆうや》。

上世彰《かみよしあき》代表が証券取引法違反の疑いで逮捕されました。

6月23日

小泉純一郎総理大臣の靖国神社参拝により精神的苦痛を受けたとして、戦没者遺族が国、総理、および靖国神社を訴えた裁判で、最高裁判所は訴えを棄却。

7月27日

谷垣禎一《たにがきさだかず》財務大臣が、自由民主党総裁選挙への立候補を正式表明。

8月11日

阿南惟茂《あなみこれしげ》前中国大使が、在任中の2005年7月前後に、小泉首相に対し靖国神社参拝を中止するよう公電を打っていたことが判明しました。

民主党大会で小沢一郎が正式に党代表に選出される。

9月26日

安倍晋三が第90代内閣総理大臣に就任。小泉内閣が総辞職します。

10月9日

北朝鮮が地下核実験を実施したことを発表。

10月31日

政府主催の「教育改革タウンミーティング」で自作自演が行われていたことが判明。内閣府は参加者に、教育基本法改正に賛成の趣旨の質問をするよう依頼していました。

12月12日

今年の漢字が「命」に決定。

12月14日
そのまんま東が、宮崎県知事選挙への立候補を表明。

2007

1月4日
安倍総理が年頭記者会見で、憲法改正を7月に行われる参院選の争点とすると表明。

1月9日
山崎拓《やまさきたく》前自民党副総裁が中国を訪問し、武《ぶ》大《だい》偉《い》外務次官と会談の後、北朝鮮を訪問。塩崎恭《しおざきやす》久《ひさ》官房長官をはじめ官邸筋は不快感を表明。

3000万円に上ることが判明します。

2月5日
札幌地方検察庁・北海道警察本部外事課がススキノにあるジンギスカン店「だるま」経営者を所得税法違反の疑いで逮捕。脱税した資金が北朝鮮に流れていた可能性があるとして、同店舗、経営者が幹部を務めていた朝鮮総連北海道本部など約10ヵ所を家宅捜索した。

中国の海洋調査船が尖閣諸島・魚釣島付近で無断海洋調査。日本政府の抗議に対し、中国政府が同諸島の領有権を主張しました。

2月8日
村井《むらい》仁《じん》長野県知事、田中康夫前知事の「脱ダム宣言」方針を転換、2008年度から浅川上

1月20日

関西テレビが『発掘！あるある大事典Ⅱ』（1月7日放送）の「納豆ダイエット」で、実験データの捏造《ねつぞう》などがあったと発表。この不祥事により番組は打ち切りに。

1月22日

宮崎県知事選挙で元タレントのそのまんま東が初当選。当選後の記者会見で、今後の政治活動は本名の東国原英夫《ひがしこくばるひでお》名義で行うことを表明します。

1月24日

文部科学省による全国調査で、給食費を滞納している小中学校の児童・生徒が、全体の約1%にあたる9万8993人、滞納総額は約22億

流などのダム建設を再開することを発表。

2月9日

平成12年度以降、陸上自衛隊で5件、海上自衛隊、航空自衛隊各11件、計27件の機密文書が紛失または盗難に遭っていたことが判明。

2月10日

『人間！　これでいいのだ』（2月3日放送）で、「頭の良くなる音」というテーマで過剰演出があったとしてTBSが謝罪。

2月16日

解約時の精算金をめぐるトラブルが多発したため、経済産業省と東京都が英会話学校最大手のNOVAに立ち入り検査をしていたことが判明。

2月20日

テレビ東京『今年こそキレイになってやる！正月太り解消大作戦』（1月6日放送）で捏造が発覚。社長を含む4名が処分された。

2月21日

『新潟日報』の論説委員が『朝日新聞』の社説を一部流用し謝罪。

2月23日

八百長疑惑を報道した『週刊現代』を発行する講談社に対し、日本相撲協会と横綱朝青龍ら力士17名が損害賠償と謝罪記事の掲載を求め提訴しました。

2月26日

田中康夫前長野県知事に対し、長野県警が公文書等毀棄《きき》幇助《ほうじょ》の容疑で任意の事情聴取をして

民主党の中井洽《なかいひろし》の資金管理団体が、2005年分の政治資金収支報告書に光熱水費を虚偽記載していたことが判明。

3月24日

日本テレビ『行列のできる法律相談所』が、京都市の漬物店ホームページの写真を無断使用していたことが判明。

3月28日

焼肉チェーン叙々苑が、交雑種が7割混入した牛肉を和牛と不正表示して販売したとして農林水産省が改善を指示。

3月30日

東京都港区赤坂の旧・防衛庁跡地に、東京ミッドタウンが開業。

いたことが判明。

3月1日
安倍総理が、いわゆる「従軍慰安婦」問題について「強制性があったことを証明する証言や、それを裏付ける証拠はなかった」と発言。

3月7日
松岡利勝農林水産大臣が、議員会館では無料のはずの光熱水費を、2005年までの5年間で約2880万円も計上していたことが判明。

3月8日
自民党の山崎拓前副総裁、安倍総理のいわゆる「従軍慰安婦」強制性否定発言について、「弁解がましいことは一切しない方がいい」と批判。

3月14日

4月5日
熊本県熊本市の慈恵病院が申請していた赤ちゃんポストの設置を同市が認可。安倍総理や塩崎恭久官房長官らが懸念《けねん》を表明。

4月6日
TBS『サンデージャポン』の通行人インタビューでやらせが発覚。

4月13日
自民・公明党の賛成多数で国民投票法案が衆議院本会議で可決。

4月18日
TBS『みのもんたの朝ズバッ！』が、不二家の賞味期限切れ食材使用問題について事実と異なる報道があったとして謝罪。

5月9日

安倍総理の公設秘書ら、長崎市長射殺事件への関与をうかがわせる記事による名誉毀損で『週刊朝日』を提訴。

5月28日

赤坂議員宿舎で松岡利勝農林水産大臣が首吊り自殺。部屋から複数の遺書が見つかった。

6月13日

英会話学校のNOVAが、受講契約の際に事実と異なる説明をしていたとして、一部業務について6ヵ月間の業務停止処分に。

6月30日

久間《きゅうま》章生《ふみお》防衛大臣が講演で、米国による原爆投下を「戦争を終結させるためにはしょうがない」と発言。

56年以来の自民党の参議院議長のポストが奪われた。

8月27日

安倍改造内閣が発足します。

9月3日

自らが組合長を務める団体の補助金不正受給の問題で、遠藤武彦《えんどうたけひこ》農相が辞任。在任期間はわずか8日。憲政史上2番目の短さとなった。

9月12日

安倍総理が突然の辞任表明。「テロ特措法の延長困難」などを辞任理由に挙げたが、健康上の理由であることを与謝野馨《よさのかおる》内閣官房長官が明かしました。

9月26日

7月9日

日本相撲協会が、『週刊現代』の発行人、編集長、記事の執筆者を名誉毀損で東京地検に刑事告訴しました。

7月10日

牛ミンチ偽装事件を引き起こした北海道苫小《とまこ》牧《まい》市の食肉加工会社並びに同社の社長が自己破産を申請することが明らかに。

7月29日

第21回参議院議員通常選挙で民主党が大躍進し、参議院第1党に。一方、自民党・公明党の連立与党は惨敗。

8月7日

民主党の江田五月が参議院議長に就任。 19

福田康夫《ふくだやすお》が第91代内閣総理大臣となる。

9月29日

沖縄戦慶良間島での集団自決の記述をめぐる教科書検定問題で、宜野湾市海浜公園にて県民集会が開催された。主催者発表は11万人だったが、実際には4万人程度だったという。

10月1日

日本郵政公社が解散。日本郵政株式会社を持ち株会社として、郵便事業株式会社、郵便局株式会社、株式会社ゆうちょ銀行、株式会社かんぽ生命保険、独立行政法人郵便貯金・簡易生命保険管理機構が発足しました。

10月3日

「円天」のエル・アンド・ジーを出資法違反容疑で強制捜査。

10月15日
日本ボクシングコミッションが、10月11日の試合で反則を繰り返した亀田大毅《かめだだいき》に対する1年間のライセンス停止、父親の亀田史《し》郎《ろう》に対するセコンドライセンス無期限停止、および所属している協栄ジムの金平桂一郎《かねひらけいいちろう》会長に対するクラブオーナーの資格停止3ヵ月の各処分を発表しました。

11月4日
小沢一郎民主党代表が辞意を表明、党幹部の慰留により撤回。

12月
タレントで弁護士の橋下徹が大阪府知事選挙への出馬について「2万パーセントあり得ない」と否定。実際には自民党の古賀《こが》誠《まこと》、堺屋太一《さかいやたいち》らと東京で会い、立候補を了承していた。

2008

1月27日
大阪府知事選挙で橋下徹が当選。

2月11日

防衛省、過大請求を恒常的に行っていた山田洋行に対し取引停止処分を決定。

11月28日
前防衛事務次官の守屋《もりや》武昌《たけまさ》とその妻が収賄容疑で東京地方検察庁に逮捕されました。

12月7日
胡錦濤中国国家主席、民主党訪中団と会談。

12月10日
高級料亭吉兆グループの「船場吉兆」が産地偽装、賞味・消費期限改竄をしていたとして謝罪。

12月12日
2007年を表す漢字には「偽」が選ばれま

沖縄県沖縄市で、米国海兵隊に所属する兵士が14歳の少女を強姦した容疑で逮捕されました。

2月13日
鳩山邦夫法相、成人年齢を20歳から18歳に引き下げる案を法制審議会に諮問。

2月26日
鈴木《すずき》宗男《むねお》新党大地代表に懲役2年、追徴金1100万円と、控訴棄却判決が下る。

4月17日
民主党の姫井由美子が有印私文書偽造、同行使の疑いで岡山西署に書類送検されました。

6月11日
福田総理に対する問責決議が可決。

9月1日
福田総理が辞意を表明。

9月19日
農薬残留汚染米問題で太田誠一農相と白須《しらす》敏《とし》朗《ろう》農林水産省事務次官が辞職を表明。

9月21日
民主党臨時党大会で、小沢一郎の3度目の代表選出を承認。小沢は「今こそ日本を変えるときがきた」と発言。

9月24日
福田内閣総辞職。麻生太郎が第92代内閣総理大臣に指名されました。

9月28日

1月3日
北九州市八幡西区で永田寿康元民主党衆議院議員が飛び降り自殺。

1月13日
自民党の渡辺喜美《わたなべよしみ》元行政改革担当大臣、執行部に離党届を提出して受理される。

1月16日
渡辺喜美が江田憲司衆議院議員らと新しい政策集団「国民運動体」の結成を発表。

2月17日
ローマで開催されたG7の会見に、意識もうろうの状態で出席した問題で、中川昭一財務金融担当大臣が辞表を提出。経済財政担当大臣の与謝野馨が、財務大臣と金融担当大臣を兼任。

「成田反対はゴネ得」「日本は単一民族」などの発言が問題になり中山成彬《なかやまなりあき》国交相が辞職。

10月15日
民主党の前田《まえだ》雄吉《ゆうきち》が、マルチ商法団体からの政治献金問題で離党。

11月20日
「衆院選に出る意志はない。知事の任期を全うしたい」と発言していた東国原英夫が「なるからには閣僚か、トップ（首相）です。初当選、初入閣。そうでない限り行きません」と前言を翻《ひるがえ》しました。

2009

3月3日
東京地検特捜部が、政治資金規正法違反容疑で、小沢一郎の資金管理団体「陸山会」を家宅捜索。公設第一秘書や西松建設前社長らを逮捕しました。

4月8日
北朝鮮のミサイル発射に対する抗議決議を参議院が採択。「ミサイルと断定されていない」と共産党は反対、社民党は棄権した。

4月26日
名古屋市長選挙で民主党推薦の河村たかしが当選。

5月1日
舛添要一《ますぞえよういち》厚生労働大臣が、カナダへの研修旅行から帰国した横浜市の男子高校生に「新型インフルエンザの疑いあり」と記者会見で発表するも、国立感染症研究所により、通常の季節性インフルエンザであることが判明。

5月11日
小沢一郎が民主党代表を辞任する意思を表明。

5月16日
民主党代表選挙で、鳩山由紀夫が7年ぶりに民主党代表となる。

6月
鳩山由紀夫、贈与税6億円脱税が発覚。

7月19日
鳩山由紀夫が那覇市で普天間基地移設先について「最低でも県外」と発言。

字となった。

9月8日
野田佳彦が大阪府堺市で消費税について語りました。「消費税5％分の皆さんの税金に、天下り法人がぶら下がっている。シロアリがたかっているんです。それなのに、シロアリを退治しないで、今度は消費税を引き上げるんですか」

9月9日
衆院選の結果を受けて民主党・社民党・国民新党が連立政権を組むことで合意。

9月16日
麻生内閣が総辞職。鳩山由紀夫民主党代表が第93代内閣総理大臣に指名されました。

7月21日
衆議院が解散。

8月3日
裁判員制度による初の裁判が始まる。

8月10日
渡辺喜美が中心となって発足した政治団体「国民運動体 日本の夜明け」を前身とする「みんなの党」が結成されました。党名の由来は、サザンオールスターズの楽曲「みんなのうた」。

9月30日
第45回衆議院議員総選挙。投票率は69・28%と、小選挙区比例代表並立制移行後、最高の数

群馬県の大澤正明《おおさわまさあき》知事が、鳩山由紀夫と前原誠司が、新党さきがけの一員であった時代に八ッ場《やんば》ダムの建設事業を推進していたことを指摘。

国際通貨基金(IMF)が、子ども手当により深刻な経済的混乱が発生する可能性があると警告を発しました。

9月21日
首相の鳩山由紀夫がニューヨークで中国の胡錦濤国家主席と会談。「東シナ海を友愛の海に」と発言。

首相の鳩山由紀夫がニューヨークの国連本部で開かれた国連気候変動サミットで「温室効果ガスを25%削減」すると発言。

9月28日
谷垣禎一が自民党総裁に選出。

9月29日
政府は、行政機関による天下りの斡旋・官僚OBの独立行政法人・特殊法人への再就職を原則禁止する方針を決定。

前原誠司国土交通大臣が、八ッ場ダム関連の22年度予算の概算要求をせず、高速道路の建設区間を決める国会議員や有識者による国土開発幹線自動車道建設会議を廃止すると明言。

9月30日
民主党川端達夫《かわばたたつお》の政治資金が「ニューハーフ」の店などで使われていたことが発覚。

10月2日

整地に使われました。

11月13日
アメリカ大統領バラク・オバマが基地問題の早期決着を迫ると鳩山由紀夫は「トラスト・ミー」と発言。

11月17日
鳩山由紀夫は「われわれが政権を取る前に、ある意味でざっくりとした形で一応の計算の中で決めた額が全額本当に必要なのかどうか、という発想はあってしかるべきかもしれない」と発言。

12月12日
仙谷由人が毎日新聞社の政策情報誌のシンポ

原口一博総務相の政治資金規正法違反が発覚。NTT労組からの献金記載漏れ。

10月15日

民主党小林《こばやし》 千代美《ちよみ》の陣営幹部による公職選挙法違反が発覚。合同選対委員長代行が選挙運動の報酬として現金を支払う約束をした疑いで逮捕される。

10月28日

鳩山由紀夫が「マニフェストは国民との契約だ。必ず実現する。もし4年たって政策が達成されていないと思われたら当然、政治家として責任は取る」と発言。

10月

輿石東参院議員会長の農地法違反が発覚するものの、輿石は行政指導を無視。税金が私邸の

ジウムで、事業仕分けについて「政治の文化大革命が始まった」と発言。

11月10日

小沢一郎は高野山金剛峯寺《こんごうぶじ》を訪れて仏教を絶賛。キリスト教は「排他的で独善的」と発言。

11月11日

政府の行政刷新会議が「事業仕分け」を開始。

11月12日

天皇陛下御在位二十年記念式典を挙行。同日の「天皇陛下御即位20年をお祝いする国民祭典」では、秋元康が作詞した「太陽の国」をEXILEが歌とダン

スで披露しました。

11月20日
平野博文《ひらのひろふみ》官房長官が、過去5年にわたる報償費（内閣官房報償費・官房機密費）の国庫からの月別の支出額を公表しました。

11月24日
行政刷新会議の「事業仕分け」が再開。

12月10日
小沢一郎が民主党議員143名と民主党関係者483名を引きつれ中国にわたり、国家主席の胡錦濤に対して「私は人民解放軍の野戦軍司令官」と阿《おもね》りました。さらに小沢は一生懸命お願いをして、胡錦濤と民主党議員143名全員の握手会&写真撮影会を行います。

1月16日
首相の鳩山由紀夫が、政治資金規正法違反事件で検察の追及を受けていた小沢一郎に対し、「どうぞ戦ってください」と述べました。

1月26日
菅直人、参院予算委員会の答弁により、経済学の基礎である乗数効果を知らなかったことが判明する。

1月27日
小沢一郎が「米国でもオバマさんという黒人を選んでまで、世の中を変えようと選択した」と発言。

3月1日
民主党小林千代美陣営が、北海道教職員組合から総額1600万円の違法献金を受けていた

12月12日
小沢一郎が訪問先のソウルで「天皇家は韓国から来た」と発言。

2010

1月12日
公明党の年賀会で橋下徹が「大阪府と大阪市を壊す必要がある」「大阪の形を一回全部解体して、あるべき大阪をつくりあげる」と発言。

1月15日
陸山会の政治資金規正法違反で、石川知裕《いしかわともひろ》衆議院議員ら小沢一郎の秘書3人を逮捕。収支報告書に嘘の記載をした容疑。

ことが明らかに。北教組の実質的トップの委員長代理、書記長、会計委員、小林陣営の会計責任者の4人が逮捕された。

3月16日
参院内閣委員会で菅直人が「議会制民主主義というのは期限を切ったあるレベルの独裁を認めることだと思っているんです」と発言。

3月25日
中井洽国家公安委員長、議員宿舎に日常的にホステスを連れ込みカードキーを貸与していたことが発覚。

3月29日

鳩山由紀夫の友愛政経懇話会の偽装献金事件で、鳩山の秘書に禁錮2年求刑。

4月4日
米軍普天間基地の移設問題で鳩山由紀夫が、沖縄と徳之島に分散移設する方針を表明していたことが判明。

4月12日
小沢一郎が「今まで新聞やテレビの世論調査は、あたったことないよ、ほとんど」と発言。

4月13日
米紙『ワシントン・ポスト』が、オバマ政権高官が鳩山由紀夫を「ルーピー」と評していると報道。ルーピーとは狂った人間のこと。

5月7日

を表明。

6月4日
鳩山由紀夫内閣が総辞職。菅直人が民主党代表選挙で代表に選出、第94代内閣総理大臣に。

6月8日
菅内閣が発足。

6月10日
荒井聡国家戦略担当相の政治団体が、事務所費でキャミソールや少女向けコミックを買っていたことが発覚。

6月24日
鳩山由紀夫が「辞任後には次の衆院選には出馬しない」と引退を表明したが撤回。

鳩山由紀夫が徳之島の徳之島町、伊仙《いせん》町、天《あま》城《ぎ》町の3町長に基地移転を要請。

5月12日

民主党三宅雪子《みやけゆきこ》議員の転倒騒動が発生。民主党は「自民党の甘利明議員が押した」と主張したが、動画が検証され、自作自演説が有力に。民主党の山岡賢次は「甘利さんが三宅さんを2メートル先まで突き飛ばした」と発言。

5月30日

米軍普天間基地移設問題を巡って福島瑞穂党首が閣僚を罷免《ひめん》されたことに伴い、社民党が連立政権からの離脱を決定。

6月2日

鳩山由紀夫が「国民が徐々に聞く耳をもたなくなった」と退陣

6月◎◎日

橋下徹が「大阪都構想」を実現させるためには独裁が必要と発言。

6月27日

菅直人が、トロントで行った記者会見で「エマージング・カントリー（新興国）」を「エマージェンシー・カンパニー（緊急の会社）」、「G8」を数回「G7」と言い間違える。

6月28日

高速道路無料化社会実験の開始。

6月30日

菅直人が青森市で演説し、消費税を増税した際の低所得者対策として「年収200万円とか

300万円の人に還付する制度」について考えたいと発言。その後、秋田市の演説では「年収が300万円とか350万円以下に還付」、山形市の演説では「年収300万から400万円以下に還付」と発言。200万円と400万円では倍も違うし、年収350万円以下に還付した場合、約4割の世帯が対象になるので、消費税増税そのものが意味をなさない。

7月8日

菅直人が「やらなければいけないことは十分合格点をいただけるところまでやれたし、さらに将来に向かっての党の在り方としても合格点をいただけるところまではやれた」と政権を自己評価。

7月11日

第22回参院選で民主党が惨敗。

9月7日

海上保安庁が、日本領海の尖閣諸島付近で中国漁船が違法操業しているところを発見。退去を命じたものの漁船は無視。逃走時には、巡視船「よなくに」と「みずき」に体当たりしてきました。海上保安庁は漁船の船長を公務執行妨害で逮捕し、石垣島で取り調べを行った後、那覇地方検察庁石垣支部に送検します。

9月14日

任期満了にともない民主党代表選挙が投開票され、菅直人が小沢一郎に勝利し、再選を果たした。

9月24日

政府と民主党は超法規的措置により拘置中の中国人船長を処分保留のまま釈放し、海上保安庁が状況を撮影したビデオ映像の公開を拒否。

ねじれ国会へ。

8月19日

菅直人が「改めて法律を調べてみたら（総理大臣は）自衛隊に対する最高の指揮監督権を有すると規定されている」と発言。

菅直人が北澤俊美《きたざわとしみ》防衛相に「昨日事前に予習しましたら（防衛）大臣は自衛官ではないんだそうですね」と語りかけました。

8月25日

小沢一郎が「米国人は好きだが、どうも単細胞なところがあってだめだ」「決して米国人は利口だと思っていない」「（イギリスは）さんざん悪いことをして紳士面《づら》しているから好きではない」と発言。

「船長釈放は那覇地検独自の判断だった」と見え透いた嘘を繰り返した。

10月7日

蓮舫《れんほう》行政刷新担当相が国会議事堂内でファッション雑誌の写真撮影に応じたことが問題になる。

10月31日

菅直人が「知恵、頭を使ってない。霞が関なんて成績が良かっただけで大ばかだ」と発言。

11月6日

民主党が八ッ場ダム建設中止の方針を撤回します。

11月29日

議会開設120年記念式典の席において、来賓の秋篠宮ご夫妻に対して民主党の中井洽が

「早く座れよ。こっちも座れないじゃないか」と野次を飛ばしました。

12月5日

議会を開会せずに専決処分を繰り返した鹿児島県阿久根《あくね》市長・竹原信一《たけはらしんいち》のリコール（解職請求）が成立。即日失職となる。

12月10日

2010年の世相を象徴する「今年の漢字」に「暑」が選ばれた。

12月12日

橋下徹が、大阪維新の会タウンミーティングで、「大阪市職員は政治活動をしている。政治活動に公務員が首をつっこんでくるのはおかしい。負けたときは一族郎党どうなるか。われわれが勝ったときには覚悟しとけよ」と発言しま

1月27日

菅直人が、米格付け会社スタンダード&プアーズが日本国債を格下げしたことについて「いま初めて聞いた。衆院本会議から出てきたばかりでそういうことに疎いので」と発言。

小沢一郎が、2009年の天皇陛下と中国副主席との特例会見問題について「宮内庁の長官が、陛下はお疲れだとか、他の日程があるとか屁理屈をつけた」「陛下のご体調が優れないというのであれば、ほかのどうでもいいような日程を外せばいい」と発言。

2月3日

日本相撲協会理事会の事情聴取に対し、力士ら3人が八百長への関与を認める。

した。

2011

1月14日
菅第2次改造内閣が発足。

1月16日
阿久根市の出直し市長選挙が投開票され、前職の竹原信一が落選。

1月20日
民主党の岡田克也幹事長が、減税を公約にする河村たかし名古屋市長について「財源が明らかでないまま言うのは、人気取り以外のなにものでもない」と発言。

2月6日
名古屋市長選と、名古屋市議会解散の是非を問う住民投票が投開票され、河村たかしの再選と市議会解散が決まる。同日、愛知県知事選が投開票され、河村と連携した大村秀章《おおむらひであき》が当選しました。

八百長問題の影響で、大相撲春場所が中止となることが発表される。本場所としては65年ぶり2度目の中止。

2月13日
鳩山由紀夫が、普天間飛行場の「県外移設」を断念した理由として、海兵隊の抑止力を挙げたのは「方便だった」と発言したことが報道されました。

2月15日

都知事選に出馬したワタミグループ創業者の渡邉美樹《わたなべみき》が「素人であるがゆえにものすごい政治家になれる」と発言。

3月6日

外相の前原誠司が在日韓国人からの不法献金で辞任。

3月11日

菅直人が、自身の資金管理団体「草志会」が在日韓国人（パチンコ会社の取締役）から不法献金を受け取っていたことを認める。

東日本大震災が発生。高さ10メ

大きいと実感した」と小学生並みの感想をもらした。

3月16日

菅直人は首相官邸で笹森清《ささもりきよし》内閣特別顧問と会談し「僕はものすごく原子力（分野）は強いんだ」と発言。

4月1日

日本相撲協会は、八百長に関与した力士を処分することを発表。

4月7日

東日本大震災の余震が発生。宮城県栗原市・仙台市で最大震度6強を観測。死者6人・重軽傷者230人。

4月10日

ートル以上の大津波が発生。死者・行方不明者数は2万人以上。戦後最悪の自然災害となりました。

東日本大震災、津波被害の影響で福島第一原子力発電所で事故が発生。

3月12日

菅直人、ヘリコプターに乗って首相官邸から福島に出発。海岸部を上空から視察、福島第一原子力発電所で東京電力幹部から説明を受けた。非常時の対応としては異例中の異例。菅は出発前に「原子力について少し勉強したい」と述べ、東京に戻ると「あらためて津波の被害が

黒岩祐治が神奈川知事選で、「4年間で200万戸分の太陽光パネル設置」を公約として掲げる。

5月6日

菅直人が官邸で緊急記者会見を行い、「中部電力に対し、浜岡原子力発電所（静岡県御前崎市）について、中長期的地震対策が完成するまでの間、すべての原子炉を含めた施設運転の中止を要請した」と発表しました。

5月14日

中部電力のすべての原子炉が運転停止。

5月24日

橋下徹が「鳥取県は60万人くらいの人口で、議員が四十数人いるんですかね。鳥取県議なんて6人でいいんですよ」と発言。

5月25日

菅直人が主要国首脳会議（G8）で「1000万戸の家庭に太陽光発電パネルを置く」との構想を発表。

5月31日

太陽光パネル構想について、事前に海江田《かいえだ》経済産業相らに相談していなかったことに対し菅直人が「今後気をつけたい」と発言。

6月1日

菅直人が党首討論で福島第一原子力発電所事故の対応について「思いつきや自分だけの考え方で処理することがいかに危険かということは誰よりも私は知っているつもりだ」と発言。

の村井嘉浩《むらいよしひろ》知事に対しては、「県でコンセンサスを得ろよ。そうしないと、我々は何もしないぞ」「ちゃんとやれ」「お客さんが来る時は、自分が入ってからお客さんを呼べ」と恫喝。その場にいた記者に「今の最後の言葉はオフレコです。みなさん、いいですか、絶対、書いたらその社はもう終わりだから」と口止めをしました。

7月5日

松本龍が被災地視察の際の発言が不適切であったとして引責辞任。

8月12日

菅直人が総理辞任後について「辞めてからのことを考えると、うれしくて仕方ない」と発言。

8月22日

元環境相の小沢鋭仁《おざわさきひと》は民主党代表選出馬を目

6月2日
衆議院に提出された内閣不信任案が反対多数により否決されました。菅直人は「東日本大震災の対応に一定のメドがついた段階」で退陣すると表明。

6月29日
橋下徹が政治資金パーティーで「今の日本の政治で一番重要なのは独裁」と発言。

7月3日
民主党の松本龍《まつもとりゅう》復興担当相が、東日本大震災の被災地に入り、岩手県の達増拓也《たっそたくや》知事に対し「九州の人間だから、何市がどこの県とか分からん」「知恵を出したところは助けるけど、知恵を出さないやつは助けない」と発言。宮城県

指す際、目玉公約として「原発からの段階的撤退」「電力の直接輸入」を打ち出しました。「(輸入先は)韓国、中国などいろんな国の可能性があっていい。国と国の間に海底ケーブルを一本引けば全て解決する」とのこと。

8月23日
島田紳助が暴力団関係者との交際を理由に芸能界を引退。

8月26日
菅直人が退陣記者会見。

8月29日
民主党代表選挙にて、野田佳彦が海江田万里《ばんり》との決選投票で逆転勝利、民主党代表に選出。

総理辞任後について菅直人はブログで「実は再生可能エネルギーに関連して、私は最後は『植物党』を作りたい、と思っています。地球を救い、人類を救うのは《植物》だ、と確信しているからです。それは何故か。地球の誕生からの歴史を見れば、一目瞭然です」と述べた。

9月2日

防衛相の一川保夫《いちかわやすお》が、「（自分は）安全保障に関しては素人だが、これが本当のシビリアンコントロールだ」と発言。

米紙『ウォール・ストリート・ジャーナル』が、財務相に安住《あずみ》淳《じゅん》が選ばれたことについて、「安住氏自身のウェブサイトを見る限りでは、円高よりも14人組のダンスボーカルユニットＥＸＩＬＥに詳しいようだ」「安住氏のサイトにある２００９年11月のブログでは、明仁天

10月6日

「陸山会事件」で強制起訴された小沢一郎被告が初公判の法廷で検察陰謀論をぶちあげます。

10月7日

記者団が「４年間で２００万戸分の太陽光パネル設置」公約の不履行を追及すると、神奈川県知事の黒岩祐治は「あのメッセージは役割を終えた。忘れてほしい」と返答。

11月8日

枝野幸男が「直ちに人体、あるいは健康に影響が無い」とは７回しか言っていないと弁明。

11月16日

防衛相の一川保夫がブータン国王を歓迎する宮中晩餐会を欠席し、民主党の高橋《たかはし》千秋《ちあき》議員の政治資金パーティーに参加。「こちらの方が大

皇の即位20周年記念の式典でついにEXILEのメンバーと会った日のことが書かれている。そこでは自身の写真に加え、『やっと会えました』という吹き出し付きで、『会えた、会えた、会えた、…………会えました』と記されている」と報道。

9月3日

英紙『インディペンデント』が財務相に安住淳が選ばれたことについて、「公式サイトから判断すると、EXILEが得意分野らしい」と報道。

9月9日

雑誌『FRIDAY』で、複数の暴力団関係者と前原誠司が一緒に写った写真が掲載される。

事だ」と発言。

11月27日

大阪市長選挙・大阪府知事選挙が投開票され、市長に橋下徹、知事に松井一郎《まついいちろう》と、いずれも大阪維新の会の候補者が当選する。

12月1日

防衛相の一川保夫が普天間基地移設問題のきっかけとなった米兵少女暴行事件について「正確な中身を詳細には知らない」と答弁。

12月12日

京都の清水寺にて今年の漢字が発表され「絆」に決まった。

2012

1月4日

内山《うちやま》晃《あきら》ら民主党離党組9名が「新党きづな」を旗揚げ。

1月13日

野田改造内閣発足。

1月15日

防衛相の田《た》中《なか》直《なお》紀《き》がNHKの番組で、国連平和維持活動における武器使用基準の緩和と武器輸出三原則の見直しを混同。

1月31日

3月24日

野田首相は環太平洋連携協定（TPP）について「TPPはビートルズだ」「日本はポール・マッカートニーだ。ポールのいないビートルズはあり得ない」「米国はジョン・レノンだ。この2人がきちっとハーモニーしなければいけない」と発言。

維新政治塾が開講。

4月5日

野田首相が田中直紀防衛相について「無知の知という言葉もある」と発言。

4月6日

国民新党代表を解任された亀井《かめい》静香《しずか》が離党を表明。

防衛相の田中直紀が、参院予算委員会の審議からいなくなる。その後、議員食堂でコーヒーを飲んでいるところを発見された。

2月2日

防衛相の田中直紀が、国会で「手順表を持っておりまして」と発言。日米政府間の極秘文書を暴露した。

2月27日

神奈川県知事の黒岩祐治が、南京《ナンキン》大虐殺問題について、「虐殺的なことがあったのは間違いないと思う」と発言。

3月14日

防衛相の田中直紀が、事実誤認の答弁と訂正を繰り返し、審議が9回中断。ヨルダンとイスラエルを間違える。

4月18日

自民党、みんなの党、新党改革が田中直紀防衛相の問責決議案を提出。20日可決。

5月8日

野田総理が『「マニフェスト通りやってないじゃないか」というご批判をいただくんです。ただ謝ればいいという問題ではありません。わたしもよく、『ごめんなさい』というところからスタートするので、『アイ・アム・ソーリー(総理)』なんであります」と発言。

5月9日

政治資金規正法違反の罪に問われた民主党元代表・小沢一郎被告を無罪とした東京地裁判決に対し、検察官役の指定弁護士が控訴したことを発表。

5月10日

民主党の石井《いしい》一《はじめ》予算委員長が、参議院議院運営委員会に事前申請していたフィリピンへの出張に際し、申請期日より早く渡航し、ゴルフをしていたことが発覚。

5月15日

鳩山由紀夫が沖縄県宜野湾市で講演、「今でも県外」と発言。

5月31日

大阪市長の橋下徹が、関西電力大飯原発3、4号機の再稼働について、「基本的には認めない」としていた前日までの発言を翻し、「事実上、容認する」と明言した。

6月3日

オウム真理教事件の逃走犯菊地《きくち》直子《なおこ》容疑者を

7月2日

鳩山兄弟、2011年に42億円ずつ親族から贈与があったことが判明。

7月11日

「国民の生活が第一」（小沢一郎代表）が結党大会。

7月12日

「国民の生活が第一」の党名について、歌手の宇多田ヒカルがツイッターで「キラキラネーム」と指摘。

7月16日

原発反対集会で坂本龍一が「たかが電気」と発言。

逮捕。

6月4日

野田第2次改造内閣が発足。

6月7日

丹羽宇一郎《にわういちろう》駐中国大使が、東京都による沖縄・尖閣諸島購入計画に関し海外メディアのインタビューに「実行されれば日中関係に重大な危機をもたらす」などと述べました。

6月14日

『週刊文春』が小沢一郎の女房の手紙をスクープ。「小沢一郎　妻からの『離縁状』全文公開」。

6月15日

オウム真理教事件の逃走犯高橋克也容疑者を逮捕。

7月18日

『週刊文春』が橋下のコスプレ不倫をスクープ。「独占告白 大阪の元愛人だけが知っている『裸の総理候補』橋下徹大阪市長はスチュワーデス姿の私を抱いた!」。

7月20日

鳩山由紀夫が首相官邸前で行われた原発再稼働の抗議デモに参加。

7月26日

国立文楽劇場で近松門左衛門原作の『曾根崎心中』を鑑賞した橋下が、「ラストシーンがあっさりしていて物足りない。演出不足だ。昔の脚本をかたくなに守らないといけないのか」と持論を展開。

7月27日

橋下が前夜鑑賞した文楽について「人形劇なのに（人形使いの）人間の顔が見えると、中に入っていけない」と批判。

8月3日

森本敏《もりもとさとし》防衛相がワシントン郊外で米軍の新型輸送機MV22オスプレイに試乗。「快適だった」と述べた。

8月4日

大阪維新の会が開講している維新政治塾生の名簿が週刊誌に流出したことが明らかになる。

8月6日

自民党の小泉《こいずみ》進次郎《しんじろう》が、社会保障・税一体改革関連法案への対応について「一番わかりやすいのは否決だ。参院で否決。衆院に法案が戻ってきても反対。そして政権を倒すほうがわか

9月21日

民主党代表選で、野田佳彦首相が再選を決めた。

日本維新の会の規約案に、党の重要事項の議決に関し、「出席者のうち代表を含む過半数」を必要とする規定を盛り込むことが明らかになる。橋下への「拒否権」付与。

9月23日

橋下徹が「（韓国の）実効支配を武力で変えることはできない。どうやったら（日韓の）共同管理に持ち込むかという路線にかじをきるべきだ」と発言。

9月26日

安倍晋三が、決選投票で石破茂《いしばしげる》を破り、自

りやすい」と発言。

8月10日

韓国李明博大統領が竹島に侵入。

8月14日

韓国李明博大統領が天皇陛下に謝罪要求。

9月11日

自民党の石原伸晃幹事長がテレビ番組で、尖閣諸島について、中国は「攻めてこない。誰も住んでいないんだから」と断言しました。

9月13日

自民党の石原伸晃幹事長がテレビ番組で、放射性物質に汚染された土壌について「運ぶところは、福島原発の第一サティアンのところしかない」と発言しました。

民党総裁となる。

日本《にっぽん》をダメにしたB層《そう》の研究《けんきゅう》

適菜収　1975年、山梨県生まれ。作家。哲学者。早稲田大学で西洋文学を学び、ニーチェを専攻。著書に、ニーチェの代表作「アンチクリスト」を現代語に訳した『キリスト教は邪教です！』『ゲーテの警告　日本を滅ぼす「B層」の正体』『ニーチェの警鐘　日本を蝕む「B層」の害毒』（以上、講談社＋α新書）など。

二〇一二年十月十八日　第一刷発行

著者　適菜《てきな》収《おさむ》

発行者　鈴木　哲

発行所　株式会社　講談社

東京都文京区音羽二丁目一二－二一

郵便番号一一二－八〇〇一

電話　編集　〇三－五三九五－三五三二

販売　〇三－五三九五－三六二二

業務　〇三－五三九五－三六一五

ブックデザイン　吉岡秀典（セプテンバーカウボーイ）

印刷所　慶昌堂印刷株式会社

製本所　株式会社　国宝社

ISBN978-4-06-217898-3

格差

生ビール

NPO

差別

友愛

省エネ

官から民へ

ときめき

温暖化

首相公選制

数量限

吟醸酒

2

免疫力

解散

系

マニフェス

地方分権

秘伝

不退

民意を問う　一般意

ジェンダ　女子会　癒し

改革

男の隠れ家

仕分け　真理

クーポン

スパ

ぶっ壊す

希望

民主主

激辛

ビジュア

天下り

っぴん

平和主義宣言都市